Ursula Stumpf

KRÄUTER ZUM WOHLFÜHLEN

Gartentipps und Wellness-Ideen rund um Rosmarin, Lavendel & Co.

Inhalt

7 Vorwort

VITALKRÄFTE AUS KRÄUTERN

10 Der Weg in die Welt der wohltuenden Pflanzen-Energien

12 Die Kräuter der Wochentage und ihre Planeten-Kräfte:
Von Montag bis Sonntag, vom Mond bis zur Sonne

20 *Special*
Finden Sie sich selbst mit Pflanzen-Meditationen

22 Die Kräuter des Jahreskreises und ihre stärkenden Rituale:
Von Lichtmess bis zur Wintersonnenwende

30 *Special*
Energiebringende Zeremonien draußen und drinnen

GÄRTNERN MIT KRÄUTERN

34 Kleines Pflege-Einmaleins für besonders energiereiche Kräuter

36 Ideen für einen kraftvollen Kräutergarten

38 Kraftquelle und Oase Balkon dank hilfreicher Kräuter

40 Kräuter-Energien von Ihrer häuslichen Fensterbank

42 *Special*
Alle wichtigen Wohlfühl-Kräuter auf einen Blick

44 Die kraftvollsten Wohlfühl-Kräuter im Porträt

53 Eine Löwenzahn-Meditation

KRÄUTERREZEPTE ZUM AUFLEBEN

56 Die Kräuter-Energien bewahren: richtig sammeln und konservieren

60 Kräuter-Elixiere mit Wein, Essig, Öl & Co.

62 Leckere Kräuter-Rezepte schnell & leicht gemacht

64 Tees für alle Fälle – vom Liebestrank bis zum Sinneszauber

66 Kräuter-Apotheke für mehr Lebenskraft und Durchblick

68 Körper und Geist verwöhnen - Schönheit gewinnen

72 *Special*
Wellness-Übungen auf Basis der Phytokinesiologie

74 Wohltat für Augen, Nase und Seele: Farb- und Aromatherapie

76 Register

78 Adressen, Literatur, Impressum

Vorwort

Frisch geerntete Kräuter sind gerade ausgesprochen „in" als geschmackvolle und vitaminreiche Energiespender. Aber Kräuter können noch viel mehr: So erlebt die Kräuterheilkunde in den letzten Jahren eine Renaissance, nicht zuletzt verursacht durch das wachsende Bedürfnis der Menschen nach Natürlichem. Vorwiegend sind es Frauen, die fein gekräuterte Gerichte zubereiten und auch die Verantwortung für ihre Gesundheit, die ihrer Kinder und Familie erkennen und übernehmen. Sie kurieren eine Erkältung statt mit Medikamenten lieber mit Kräutern, was auch den ganzen Körper gesünder und widerstandsfähiger macht.

SICH SELBST FINDEN MIT KRÄUTERN

Der Umgang mit Pflanzen ermöglicht jedoch nicht nur, sich bei körperlichen Problemen selbst zu helfen, sondern er kann auch das Verlangen nach Heilwerden auf allen Ebenen stillen. Die Bedürfnisse des Körpers zu kennen und ihnen folgen zu können heißt gleichzeitig, sich selbst zu finden. Das bedeutet auch ein Training für alle Sinne, mit denen Sie sich immer neue Möglichkeiten erschließen werden. In diesem Buch finden Sie Kräuter für jeden Wochentag, die gerade dann besonders wohl tuend wirken. Sie lernen auch die Kräuter des Jahreskreises und ihre kräftigenden Rituale kennen. Beobachten Sie die Veränderungen im Jahreslauf! Durch die Kommunikation mit Pflanzen, Erde, Wasser, Licht und Luft wird Ihr Unterbewusstsein auftanken: Super-Treibstoff fast zum Nulltarif!

DER WEG ZUM WOHLFÜHLEN

Erschließen Sie sich ganz neue Freuden und Kraftquellen, wenn Sie Pflanzen selbst ziehen, bisher verkannte Kräuterschätze in Ihrem Garten entdecken oder von einem Spaziergang energiereiche Pflanzen mit nach Hause bringen! Sammeln Sie frische, kraftstrotzende Kräuter – und lassen Sie sich durch die Rezepte in diesem Buch anregen. Leben Sie in Harmonie mit den Rhythmen der Natur und entdecken Sie im Jahreslauf die Zusammenhänge zwischen dem Wechsel der Jahreszeiten und den Vorgängen in Ihrem Körper und Ihrer Psyche. Richten Sie sich zu Hause drinnen oder draußen eine Wohlfühl-Ecke ein, umgeben von Pflanzen, zu denen Sie sich hingezogen fühlen. Wellness beginnt dort, wo nur Ihre Gesetze gelten: hier bin ich zu Hause, hier kann ich entspannen, mein Herz öffnen, den Tag Revue passieren lassen und Atem holen. Schon der Gedanke an diese Oase wird ein wohliges Gefühl verursachen! Willkommen im Kräutergarten zum Wohlfühlen!

Ursula Stumpf

Für den Wohlfühl-Garten brauchen Sie nicht unbedingt ein Beet, er gedeiht auch auf Terrasse oder Balkon – hier mit praktischer Pflanzentreppe.

Vitalkräfte AUS KRÄUTERN

LEBEN ALLEIN GENÜGT NICHT –

SONNENSCHEIN, FREIHEIT ...

UND EINE KLEINE BLUME MUSS MAN HABEN

Hans Christian Andersen

AUS KRÄUTERN

Der Weg in die Welt der wohl tuenden Pflanzen-Energien

Viele Geschichten über das Leben, den Lauf der Welt und der Gestirne sind mit den Kräutern und ihren Kräften verwoben. Und irgendwo im Menschen ist dieses Wissen vorhanden, es will nur wieder erinnert werden!

● Der erste Schritt zum Reservoir der Kräuter-Energien besteht darin, mit offenen Augen das Grün um sich herum wieder wahrzunehmen.

● Der zweite Schritt ist die Bewunderung für die Kräuter, die auch im letzten Winkel des Gartens und sogar in der Stadt zwischen Pflasterritzen so selbstverständlich und ohne große Pflege wachsen. Vielleicht spüren Sie ja so etwas wie eine Ermunterung, auch sich selbst unter unwirtlichen Bedingungen noch aufs Schönste zu entfalten?

● Der dritte Schritt folgt fast von alleine: es ist die Neugierde, mehr erfahren zu wollen von diesen grünen Geschöpfen der Natur!

ERWANDERTES KRÄUTERWISSEN

Zupfen Sie doch einfach aus Ihrem Rasen oder bei einem Spaziergang aus einer Wildblumenwiese einige essbare Blüten wie Gänseblümchen, Taubnessel und Rotklee! Natürlich nicht gerade dort, wo die Hunde ihr Bein heben, viel Dünger gestreut wurde oder Auspuffe entlang knattern. Geben Sie diese kleine Handvoll Blüten in eine gläserne Teekanne und gießen Sie sie mit heißem Wasser auf, das vor nicht allzu langer Zeit (2-3 Minuten) gekocht hat. Es ist ein wunderschöner Anblick, diese Blüten im Wasser herumschwimmen zu sehen, eine Freude fürs Auge und damit gleichzeitig eine Form von natürlicher „Farbtherapie"! Sie sehen die Blumenwiese ein zweites Mal vor Ihren Augen, jetzt tanzen die Blüten miteinander! Das Wasser färbt sich zart in den Blütenfarben, doch es bleibt hell und durchsichtig. Es leuchtet, als hätten Sie Sommersonnenstrahlen eingefangen! So ein dünner Tee braucht nicht abgesiebt zu werden, die Blüten können ruhig weiter in der Kanne schwimmen. Ist es im Sommer zu heiß, um Tee zu trinken, lassen Sie die Flüssigkeit erkalten und genießen Sie sie später als erfrischenden Durstlöscher.

Haben Sie in Ihrer Begeisterung zu viele Blüten auf einmal gesammelt, so können Sie sie auf einem Küchentuch zum Trocknen auslegen. Am besten ist ein schattiger Platz ohne direkte Sonneneinstrahlung, ein leichter Luftzug beschleunigt den Vorgang noch. Wenn die Blüten nach einigen Tagen trocken sind, können sie in ein Leinensäckchen oder eine Dose zur Aufbewahrung gegeben werden. (Beschriftung nicht vergessen!) Das ist Ihr Vorrat für graue, neblige Wintertage, an denen der warme Duft des Tees Sie in Gedanken noch ein drittes Mal auf die Sommerwiese entführen wird!

Wenn Sie bisher nur wenige Kräuter kennen, helfen Ihnen Pflanzenbestimmungsbücher (Literatur → Seite 78) – oder vielleicht auch eine Freundin – beim Kennenlernen der Arten und Namen. Sie können neben den gängigen Küchenkräutern

PFLANZEN-ENERGIEN

selbstverständlich auch ganz leicht einige der in diesem Buch beschriebenen Wildkräuter selbst ziehen – sofern diese nicht sowieso längst bisher unbeachtet in einem Winkel Ihres Gartens gedeihen. Selbst auf dem Balkon oder am Fensterbrett ist übrigens eine Kultur möglich. Durch den Anbau (Bezugsquelle für Wildkräuter → Seite 78) sind Sie außerdem geschützt vor Verwechslungen – und vor Schadstoffen, mit denen zum Beispiel Kräuter am Wegesrand kontaminiert sein könnten. Auch haben Sie dann immer frischeste Zutaten in Reichweite. Lassen Sie sich von den Rezepten im dritten Kapitel anregen, kreieren Sie Wohltuendes für Körper, Geist und Seele und nutzen Sie die Kräuter auch für die beschriebenen Zeremonien und Übungen.

SINNLICHE KRÄUTERKUNDE

Egal, was Sie herangezogen oder geerntet haben, nie sollten Sie vergessen, die Pflanzen mit all Ihren Sinnen kennen zu lernen. Fühlen Sie, wie unterschiedlich Blätter, Blüten und Stängel an der Hand, an der Wange, an den Lippen ... sein können. Verreiben Sie Teile davon zwischen Ihren Fingern, saugen Sie den Duft ein (am besten mit geschlossenen Augen), führen Sie vorsichtig die Zunge heran, und wenn kein bitterer oder beißender Geschmack ihre „Aufpassersinne" warnt, werden Sie etwas mutiger und probieren mehr. Aber seien Sie vorsichtig, wagen Sie solche Experimente nur, wenn Sie sich absolut sicher sind, dass die Pflanze nicht giftig ist! Wenn Ihnen der Geschmack Lust auf mehr macht, kauen Sie auf einem Blatt herum. Was nicht schmeckt, wird wieder ausgespuckt. Ganz sicher werden Sie neue Delikatessen und den einen oder anderen „Bio-Kaugummi" entdecken! Die Blätter vom Beifuß zum Beispiel verweilen sicher lange im Mund. Möglicherweise werden Sie eine Stärkung Ihrer Abwehrkräfte verspüren – vielleicht nicht nur im körperlichen Bereich! Oder probieren Sie doch mal frisch geerntete Löwenzahnwurzel, in kleine Scheiben geschnitten und auf ein Butterbrot gelegt – es ist eine unerwartete Delikatesse! Im Frühjahr wird sie leicht bitter schmecken, im Herbst jedoch süß. Auch das Aroma von frischen Veilchenblüten ist einfach unübertrefflich und ein wahres Geschmackserlebnis – lassen Sie sich überraschen vom Schatzkästchen der Natur!

Salbei, Thymian und Lavendel blühen und duften in diesem kleinen Garten.

AUS KRÄUTERN

Die Kräuter der Wochentage und ihre Planeten-Kräfte

Unsere Wochentage sind benannt nach den sieben „Planeten" des mittelalterlichen Weltbildes. Über Jahrtausende hinweg beobachteten unsere Vorfahren diese „Wandelsterne" und fanden, dass im Laufe der Evolution die Pflanzen von den Schwingungen dieser „Planeten" geformt worden sind. Die Pflanzen können also die kosmischen Kräfte den Menschen „vermitteln". In der englischen Sprache erkennen wir diese Beziehung noch in den Wörtern „plant" und „planet" – Pflanze und Planet. Wenn wir uns an jedem Wochentag diese planetarischen Prinzipien wieder bewusst machen und die entsprechenden Kräuter bei der Lösung unserer Alltagsprobleme zu Hilfe nehmen, nutzen wir ein absolut legales „Bio-Doping"!

Blumen sind die Sterne der Erde und Sterne sind die Blumen des Himmels.

Paracelsus

Montag – der Tag des Mondes

Der Mond ist das sichtbare Zeichen der Wandlung am Himmel und das Vorbild jeder Zeiteinteilung. So wie er das Sonnenlicht aufnimmt und widerspiegelt, ist er Symbol für Empfangen und Weitergeben. Der Mond bestimmt die Rhythmen von Ebbe und Flut, Geburt und Tod sowie des Monatszyklus. Er ist für das Wachstum zuständig und für das Unbewusste.

WIE DER MOND DEN START IN DIE WOCHE ERLEICHTERT

Nutzen Sie die Energie des Mond-Tages und seiner Kräuter für inspirierende Impulse und Intuition! Die Wirkungen des Mondes (auch auf die Pflanzen, → Seite 35) hängen von seinen Phasen ab:

● Bei zunehmendem Mond ist der Montag ein guter Start in eine kreative Phase. Ihre Pläne können jetzt wachsen wie eine Pflanze.
● Ein Montag bei Vollmond liefert besonders viele Träume, vielleicht einen unruhigen Schlaf, aber auch eine Menge Tatendrang.
● Bei abnehmendem Mond werden Kräfte frei, die Menschen und Pflanzen aufnehmen können. So ein Montag trägt zur Klärung bei und unterstützt Projekte, bei denen „aufgeräumt" oder eine neue Ordnung etabliert werden soll. Es ist die ideale Zeit für eine Entschlackungskur. Überlegen Sie, von welchem „Ballast" Sie sich trennen möchten!
● Ein Montag bei Neumond wird wohl eher ein blauer Mondtag werden. Hier sind Auftanken, Ruhepausen, vielleicht ein Fastentag angesagt, um allem Kommenden gewachsen zu sein.

MOND-KRÄUTER

Sie enthalten viel Feuchtigkeit, wenig harte Teile und können Stoffwechselschlacken aus dem Körper schwemmen. Zu ihnen zählen die Vogelmiere, die Labkräuter und der Portulak. Letzeren können Sie leicht im Blumentopf an der Fensterbank zie-

KRÄUTER DER WOCHENTAGE

hen oder nach den Eisheiligen im Freien aussäen. Portulak ist immer eine erfrischend-saftige Zutat für alle Salate (nur für Schwangere eignet er sich leider nicht!). Probieren Sie am Montag doch einmal einen Gurkensalat mit Portulak und Vogelmiere in einer Joghurtsauce. Wenn Sie dann noch in einer Duftlampe Muskatellersalbei (nicht für Schwangere) verräuchern, sollten Sie unbedingt auch Bleistift und Notizblock bereithalten, denn Ihnen wird viel Inspiration zufließen!

Dienstag – der Tag des Mars

In der französischen Sprache klingt der Name des roten Planeten noch mit: „mardi". Auch in unserem deutschen Wort „Dienstag" ist der Mars gut versteckt: Er leitet sich ab von „Tiw", dem Namen für den Gott Odin, mit dem Mars oft kombiniert wurde. Der Planet, den wir am Abendhimmel an seinem roten Leuchten erkennen können, zeigt sich auch auf der Erde in allem Roten. Eisen, Disteln, Dornen und andere wehrhafte Dinge werden ihm zugeordnet. Im Körper ist er verantwortlich für Stimme, Blut und Blutbahnen, hitzige Entzündungen, stechende Schmerzen und Fieber, bei den Pflanzen für Staubgefäße und Pollen.

WIE MARS SIE AM DIENSTAG KRÄFTIGT
Antriebskraft, Begeisterung, Temperament und Durchsetzungsvermögen zeichnen den roten Planeten aus. Er verkörpert die männliche Seite, die

alle Menschen, auch die Business-Lady, antreibt, ihre Ideale und Vorstellungen in die Tat umzusetzen. Was Montags seinen Anfang nahm, bekommt am nächsten Tag durch den Mars-Impuls kraftvolle Dynamik. Mars und seine Kräuter geben Rückenstärkung und Selbstbehauptung – er macht Sie nicht gerade kompromissfreudig! Seine dynamische Lebenskraft beschleunigt und verstärkt Ihre Vorhaben, manchmal konstruktiv, manchmal zerstörerisch.

MARS-KRÄUTER
Zu ihnen gehört die Brennnessel – für die meisten nur Unkraut, aber in ihren wehrhaften Haaren offenbart sich der Mars! Ein Tee aus diesen Blättern könnte Ihnen am Dienstag Mut machen, Ihre Wut zu erkennen und auszudrücken. Andere Pflanzen, die vom Mars geprägt sind, haben rote Blüten oder Stängel sowie einen scharfen, pfeffrigen oder zwiebelartigen Geschmack wie der Schnittlauch. Sie können ihn ab Februar an der Fensterbank und ab April im Freien aussäen oder einfach einen Topf voll kaufen. Ausgepflanzte Stöcke können Sie nach den ersten Frösten in Töpfe pflanzen und ins Haus holen, damit Sie auch im Winter noch frische Halme haben. Die rosa-violetten Blüten, die im Sommer erscheinen, sind eine farbige und mild schmeckende Zierde für Salat oder Kräuterbutter. Mars-Kräuter und Radieschen, am Dienstag verzehrt, bringen Hitze und Bewegung in die inneren Organe, so dass Hindernisse, die sich Ihrem Ziel in den Weg stellen, einfach weggeblasen werden!

13

AUS KRÄUTERN

Mittwoch – der Tag des Merkur

Er ist der Gott der Veränderungen, des schnellen Wachstums und des Verkehrs. Kommunikation und Vermittlung sind sein Metier. In der französischen Sprache finden wir den Merkur noch in dem Wort „mercredi" für Mittwoch. Im Körper regiert Merkur die Lungen, die Nerven und die Lymphe.

WIE MERKUR DEN MITTWOCH BEFLÜGELT

Das Ziel, das am Montag emotional geboren, am Dienstag mit Durchsetzungskraft angereichert wurde, erfährt am Mittwoch seine mentale Überprüfung. Merkur und seine Kräuter helfen, Situationen gedanklich abzuwägen und eigenständige, verstandesmäßige Entscheidungen zu treffen. Möglicherweise werden Sie an einem Mittwoch die nimmermüde merkurianische Neugier verspüren!

MERKUR-KRÄUTER

Lavendel, Knoblauchsrauke, Dill, Basilikum, Bohnenkraut, Petersilie und Baldrian gehören zu den Merkur-Kräutern. Lavendel bringt den anregenden Duft der Provence ins Haus und verscheucht trübe Gedanken. Der äußeren und inneren Schönheit tut Lavendel im Gesichtswasser (→ Seite 69) oder als erfrischendes Bad (→ Seite 70} sehr gut. Es heißt auch, dass der Duft Männer anzieht – also aufgepasst! Sie kennen Baldrian nur als Schlafmittel? Er fördert die Konzentration auf eine bestimmte Aufgabe und gestaltet auch die Kommunikation effektiver. Sie stört der Geruch vom Baldrian? Wenn Sie einen dünnen Tee trinken (→ Seite 65), ist das kein Thema! Fast vergessen ist, dass Baldrian ein Geheimtipp für Schäferstündchen war! Auch viele der anderen Mittwochs-Kräuter sind bewährte Aphrodisiaka, wie Petersilie, Bohnenkraut und Basilikum. Es bleibt Ihnen überlassen, ob Sie Ihrem Auserwählten Tomaten mit Mozarella und Basilikum servieren oder anschließend das Basilikum-Vanille-Eis schmelzen lassen – so einen Mittwoch werden Sie jedenfalls nie vergessen! Petersilie liefert gerade für ein Liebesmahl im Mai die ersten Blättchen. Bei der Aussaat dieses Krauts brauchen Sie etwas Geduld, denn es dauert etwa 4-6 Wochen, bis die Keimlinge erscheinen.

Donnerstag – der Tag des Jupiter

In dem Wort Donnerstag hören wir noch den Donner rollen. Die Germanen glaubten, Thor würde seinen Hammer durch den Himmel werfen und damit die Fruchtbarkeit bringenden Gewitter erzeugen. Das römische Pendant zu Thor ist der Gott Jupiter. Er ist für Leber und Muskelgewebe zuständig sowie für Gewächse mit vielen Blüten und Früchten.

WIE SIE DURCH JUPITER DEN DONNERSTAG GENIESSEN KÖNNEN

Mit der Energie des Donnerstags und seiner Kräuter erkennen Sie größere Zusammenhänge. Jupiter

KRÄUTER DER WOCHENTAGE

Basilikum schmeckt nicht nur unverkennbar, es wirkt auch sehr anregend …

verleiht Ihnen Respekt, Achtung und Toleranz. Mit diesen Qualitäten entwickeln Sie Verständnis für sich und Ihre Umwelt. Sie finden den roten Faden in Veränderungen und Entwicklungen, Weisheit und Erkenntnis erleichtern und bereichern das Leben. Also heißt es am Donnerstagabend: genießen! Aber Vorsicht – Jupiter neigt auch zu Übertreibungen …

JUPITER-KRÄUTER
Zu ihnen gehören Königskerze, Löwenzahn, Salbei (nicht für Schwangere), Kerbel und Boretsch. Achten Sie auf Ihre Intuition, die Sie an diesem Tag nach dem Genuss von Jupiter-Kräutern spüren können! Wenn Sie am Donnerstag etwas über die Stränge schlagen wollen, stärken Sie am besten vorher Ihre Leber mit einem Salat aus Löwenzahnblättern und Apfelscheiben. Boretschblüten und -blätter sind (bitte nur in kleinen Mengen!) eine Bereicherung für Salate, aber auch für Süßspeisen und Getränke. Wenn Sie Boretsch einmal im Garten angebaut haben, wird er sich Jahr für Jahr selbst aussäen und Sie mit seinen himmelblauen Blüten erfreuen.

Vitalkräfte aus Kräutern

Freitag – der Tag der Venus

Sicher kennen Sie die Venus, die römische Göttin der Liebe, und den Planeten Venus, der als Morgen- oder Abendstern strahlend hell am Himmel leuchtet. Der Freitag ist Venus gewidmet und Freya, ihre germanische Kollegin, ist die Namensgeberin für diesen Tag. Die Kräfte der Venus zeigen sich in der liebevollen Zuneigung, im Sinn für Schönheit und Harmonie. Venus lässt Ihre innere weibliche Saite anklingen und macht Sie empfänglich für das Wahre und Schöne. Sie ist das „ewig Weibliche", das uns „hinanzieht", sie beschützt die Liebe und die Liebenden und zeigt das Verbindende zwischen den Menschen. Wer Freitags die Welt mit den venusischen Augen der Liebe ansieht, wird sie verzaubert finden und sich fragen, ob nicht doch genau hier das Paradies ist! Auch im Körper gilt sie als Gebieterin der Liebe und der Leidenschaften. Sie steuert die Drüsen und die Formen der weiblichen Rundungen, beeinflusst Nieren und Urogenitalorgane.

WIE SIE FREITAGS IN DEN ARMEN DER VENUS LIEGEN

Sich auf die liebevolle Energie des Freitags einzustimmen, gelingt wohl am besten, wenn Sie auf ihr Herz hören! Vielleicht füllen Sie die Badewanne mit einem Venus-Kraut und versinken zu einem Kurzurlaub in seinem Duft! Wie neu geboren träumen Sie dann von einem Liebesmahl, vergessen die nüchternen Pläne für das Wochenende und tauchen ein in Ihr Reich der Venus!

VENUS-KRÄUTER

In der Pflanzenwelt offenbart Venus sich in allem Zarten, besonders in den Blüten, ihren lieblichen Düften und im frischen Frühlingsgrün. Ihren Einfluss spüren wir in Frauenmantel, Schafgarbe, Minzen und Thymian. Minzen gibt es in vielen Variationen, alle aber breiten sich gerne durch unterirdische Ausläufer aus. Hin und wieder müssen die Pflanzen durch Abstechen in ihr Revier verwiesen werden. Nicht so wucherfreudig ist der Thymian. Wenn Sie etwas Platz haben, können Sie einen kleinen Thymianrasen mit Arten in verschie-

In den Blattkelchen des Frauenmantels sammeln sich jeden Morgen glitzernde Tautropfen.

KRÄUTER DER WOCHENTAGE

denen Farbtönen anlegen (→ Foto Seite 11). Wenn er kräftig genug gewachsen ist, können Sie sich auch darauf legen und sich von seinem Duft entführen lassen.

Samstag – der Tag des Saturn

Wieder ist die ursprüngliche Verbindung des Samstages mit seinem Namensgeber Saturn nur noch im angelsächsischen Sprachgebrauch zu finden: „saturday" heißt er dort, Saturnstag. Unser Wort „Samstag" leitet sich übrigens ab vom „Sabbath" – dem wöchentlichen Ruhetag der Juden. Saturn gilt als Vater der Zeit und als Lenker des Schicksals, er ist ein strenger Lehrer und starker Freund. Wenn Sie an einem Samstag die vergangene Woche überdenken, ist Saturn Ihr „Coach", der Ihnen hilft, aus den letzten Ereignissen das Fazit zu ziehen, um die Zukunft und die nächste Woche bewusster zu gestalten. Sie werden spüren, wie Sie sich durch solches Innehalten immer mehr zu einer selbstverantwortlichen Persönlichkeit entwickeln. Auch wenn es manchmal etwas schmerzhaft ist, erkennen Sie, dass Sie immer nur das „ernten, was Sie gesät haben" … Saturn hilft Ihnen dabei, die Vorstellungen von sich selbst den eigenen Möglichkeiten anzupassen. Mit solchen Einsichten breitet sich ein Gefühl der inneren Stärke aus. In unserem Körper gehören zum Saturn das Knochenskelett, die Zähne und die Milz. Bei den Pflanzen reifen unter dem Einfluss von Saturn die Samen aus.

WIE SIE AM SAMSTAG SATURN ALS FREUND GEWINNEN

Trinken Sie am Samstag einen Tee aus einem Saturn-Kraut wie dem Ackerschachtelhalm. Er hilft Ihnen, Struktur in Gedanken und Leben zu bringen, und sorgt dafür, dass Sie immer den Boden unter den Füßen behalten. Gleichzeitig tun Sie etwas Gutes für Ihre Haut, die Haare und Nägel. Ihr Mineralstoff-Haushalt bekommt eine Auffrischung und das Gedächtnis bleibt wach und lebendig.

SATURN-KRÄUTER

Im Pflanzenreich werden dem Planeten Saturn viele graue, bitter schmeckende Kräuter zugeordnet wie zum Beispiel der Wermut oder Ackerschachtelhalm. Häufig haben sie blaue Blüten wie die Wegwarte oder das Vergissmeinnicht. Auch der Giersch oder Geißfuß zählt dazu, der so manchen Gärtner als Unkraut zur Weißglut treibt. Betrachten Sie ihn doch einfach als delikates Bio-Gemüse! Wenn Sie einen Garten haben, ist der Giersch vermutlich sowieso vorhanden. Haben Sie keinen, können Sie Giersch selbst in Gefäßen leicht ziehen. Pflanzen werden Sie kaum kaufen können – Sie brauchen aber einfach nur einen geplagten Gärtner um ein Stückchen der weißen Wurzel zu bitten – der Sie sicher völlig verständnislos anblicken wird! Probieren Sie an einem Samstag jungen, in Olivenöl angebratenen Giersch, den Sie über frisch gekochte junge Kartoffeln streuen, und Sie werden begeistert sein! Auch als Frühjahrsgemüse, in Kräutersaucen, -quark und Salaten schmeckt er köstlich.

AUS KRÄUTERN

Sonntag – der Tag der Sonne

Zum Sonntag gehört – wie der Name schon verrät – die Sonne. Sie ist der Mittelpunkt des Kosmos und erhält alles Leben durch ihr Licht und ihre Wärme. Sie gibt auch dem Körper Licht, Ordnung und Rhythmus und versorgt das Herz und die Augen mit Energie. Die Sonnenkraft lässt die Pflanzen aufrecht wachsen, unter ihren Strahlen fangen sie an zu blühen und uns mit ihren Farben und ihren bezaubernden Düften zu erfreuen.

WIE SIE AM SONNTAG SONNE TANKEN – AUCH WENN SIE NICHT ZU SEHEN IST

Sonntag? Ausschlafen! Abschalten! Verwöhnen! Seele baumeln lassen! Eins werden mit sich selbst und engste Verbundenheit mit dem Leben spüren! Die Sonne und ihre Kräuter helfen Ihnen, zu Ihrer persönlichen Identität zu finden und Selbstbewusstsein zu entwickeln. Der Tag der Wärmespenderin lässt die Sonne in jedem Menschen erstrahlen und steckt ihn an mit ihrer überquellenden Lebensfreude. Zusammen mit Freunden, der Familie oder auch in aller Ruhe alleine in Ihrer Sonntags-Oase zu Hause entwickeln Sie Ihre Kreativität, erlauben sich, was Sie schon immer mal tun wollten, und dürfen einfach nur „Sein"! Könnten Sie in einem Zeitraffer das Zusammenspiel von Sonne und Pflanzen beobachten, würde es einem Tanz gleichen. Am Sonntag ist nun Zeit und Raum für Ihren Tanz, für Bewegung und sportliche Betätigung.

> **TIPP**
>
> Eine kleine Sonntags-Meditation: Suchen Sie sich einen Platz – am besten neben Sonnen-Kräutern –, an dem Sie zur Ruhe kommen können. Schließen Sie die Augen und stellen Sie sich die Planeten vor, wie sie um die Sonne ihre Bahnen ziehen. Erkennen Sie all diese Kräfte und verabreden Sie sich mit den Wandelsternen für den Gang durch eine neue Woche!

SONNEN-KRÄUTER

Sie werden auch „Sonnenbräute" genannt, weil sie ihre Blütenköpfchen zur Sonne drehen und sie den ganzen Tag nicht aus den Augen verlieren. Viele tragen auch die Farbe der Sonne in sich. Zu den Sonnen-Kräutern zählen Sonnenblume, Ringelblume, Kamille, Gänseblümchen, aber auch Zitronenmelisse. Letztere ist durch ihr zartes, leicht zitroniges Aroma ein unverzichtbarer Küchen-Sonnenschein für Salate, Suppen, Quarkspeisen und Desserts. Rosmarin ist ebenfalls eine Sonnen-Pflanze und sehr wärmebedürftig. Er lässt sich leicht im Kübel ziehen, Sie können ihn dann auch schnell vor den ersten Frösten in Sicherheit bringen. Er stärkt die Verdauungsorgane und bringt Schwung in Ihren Kreislauf. Ein Rosmarinbad (jedoch nicht für Schwangere geeignet) am Sonntagmorgen wird Ihnen zu neuem Unternehmungsgeist verhelfen und Sie von Grund auf beleben!

KRÄUTER DER WOCHENTAGE

Die leuchtenden Blüten der Ringelblumen richten sich nach dem Lauf der Sonne aus.

AUS KRÄUTERN

Finden Sie sich selbst mit Pflanzen-Meditationen

Vielleicht mutet es im ersten Moment etwas ungewöhnlich an, dass Pflanzen Menschen den Weg zu sich selbst zeigen können – ja, es ist ungewöhnlich und doch so bezaubernd! Ist Ihnen schon aufgefallen, wie oft wir Worte aus der Pflanzenwelt benützen: Menschen „blühen auf", „reifen", „bringen Früchte hervor"? Mit Hilfe der Meditation können Sie all dieses erreichen – und sich und andere mit Ihrer Einzigartigkeit verzaubern! Auch wenn Sie es zunächst nicht glauben wollen: bei dem Beachten und Beobachten von Pflanzen werden Sie Antworten und Erklärungen für „den Lauf der Welt" finden. Und nicht nur das, Sie erhalten auch eine Lektion in Sachen Liebe zur Natur, zur Erde, zu den Pflanzen und zu sich selbst. Sie werden die Kraft, Freude und Geborgenheit entdecken, die aus dieser Übereinstimmung resultiert. Doch bevor Sie beginnen, versprechen Sie sich als erstes, ab sofort liebevoll mit sich selbst umzugehen und sich in Ihren Ideen und Neigungen zu unterstützen – das ist das Allerwichtigste! Beginnen Sie am einfachsten mit einer Baum-Meditation. Sie können auch mit jeder anderen Pflanze meditativ in Kontakt treten, sogar mit einem Kräutlein im Topf.

EINE BAUM-MEDITATION

In den Parks der Städte stehen oft die schönsten alten Bäume, die richtige „Baumcharaktere" sind. Mit ihrer majestätischen Haltung rufen sie Achtung und Bewunderung hervor, manchmal auch den Gedanken: „Was mag der wohl schon alles erlebt haben, wie alt mag er sein?" Auch bei Ihnen im Garten oder in der Umgebung wird es einen Baum geben, der irgendwie immer wieder Ihre Blicke auf sich lenkt. Sie meinen, das sei Zufall? Fragen Sie Ihn doch mal!

● Betrachten Sie den Baum zunächst aus der Ferne: seine Größe, Form, die Farben der Blätter, Äste, Rinde, Blüten, Früchte, Samen – was immer in dieser Jahreszeit typisch sein mag. Beobachten Sie das Spiel des Lichts in den Blättern, seinen Schatten …

● Berühren Sie seine Astspitzen – hier pulsiert das Leben, hier wächst der Baum …

● Lauschen Sie auf die Geräusche des Windes in den Blättern, auch sie erzählen eine Geschichte …

● Nähern Sie sich dem Stamm, gehen Sie um ihn herum, betrachten Sie die verschiedenen Zeichnungen in der Rinde, fahren Sie diese mit den Fingern nach, fühlen Sie den Unterschied zwischen Sonnen- und Wetterseite …

● Umarmen Sie den Stamm, wenn Sie wollen, legen Sie Stirn oder Wange an das Holz und spüren Sie die Energie des Baumes von der Herzebene her …

● Setzen Sie sich an den Fuß des Baumes, lehnen Sie sich mit dem Rücken an ihn. Saugen Sie den Duft der Umgebung ein und folgen Sie Ihren Eindrücken. Vielleicht erzählt der Baum etwas über den Tag, die Jahreszeiten, die Sonne, die Sterne, Weisheiten aus seinem langen Leben. Vielleicht weiß er Antworten auf Ihre Fragen?

Special

Vertrauen Sie Ihrer Wahrnehmung: Nichts in diesen Momenten geschieht zufällig – alles hat etwas mit Ihnen und Ihrem Alltag zu tun. Achten Sie auf die Zusammenhänge!

Wenn eine neugierige Amsel Sie aus Ihren Träumen reißt oder die Konzentration auf andere Weise abgelenkt wird, wissen Sie, dass diese Begegnung für heute beendet ist. Freuen Sie sich auf ein nächstes Mal!

DIE TALENTE DER PFLANZEN

Unter einer Buche verspüren Sie möglicherweise Strenge, Kühle und Anregung. Die Eichen vermitteln Regeneration, Stärke und Ausdauer. Unter dem Baum des Lichtes, der Esche, fühlen Sie sich voller Sonne und Zuversicht. Eine Kiefer spendet Trost und Geborgenheit. Unter einer Linde ist Liebe und Lebensfreude zuhause. Rosskastanien erfreuen nicht nur Kinderherzen mit Ruhe, Stärkung und Selbstverständlichkeit. Der Walnussbaum stärkt Selbsterkenntnis und Unterscheidungsvermögen. Natürlich hat auch jedes Kräutlein besondere Botschaften und Geheimnisse ganz für Sie allein (→ Seite 22ff.).

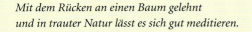

Mit dem Rücken an einen Baum gelehnt und in trauter Natur lässt es sich gut meditieren.

AUS KRÄUTERN

Die Kräuter des Jahreskreises und ihre stärkenden Rituale

Im Jahreslauf gibt es acht Termine, die wie die Speichen eines Rades besondere Punkte im immer währenden Kreislauf der Natur und der Pflanzen bezeichnen (→ auch Seite 30). Oft existieren für diese Tage schon seit Urzeiten Festbräuche, die eng mit bestimmten Kräutern in Beziehung stehen. Instinktiv wurden und werden dabei die Pflanzen-Energien genutzt – für das eigene Wohlbefinden und für eine glückliche Zukunft. Hier finden Sie nun eine Mischung aus traditionellen und neu entwickelten Ritualen, mit deren Hilfe Sie Ihre Kräuter als Kraftquelle nutzen können. Pflanzen Sie doch einfach einen kleinen Jahreskreis in Ihren Garten oder gestalten Sie einen Jahreszeiten-Topf für den Balkon (→ Seite 36 ff.), damit Sie stets das richtige Kraut parat haben!

2. Februar – Lichtmess

Der Tanz der Vegetationsgöttin durch den Jahreskreis beginnt an Lichtmess. Auch wenn es noch sehr kalt ist, scheint die Sonne bereits spürbar länger, der Frühling ist schon in „Riechweite". Der Vorfrühling ist die Zeit der Reinigung: im Haus und im Körper muss weichen, was neuem Wachstum im Wege steht. Es gibt um diese Zeit in der Natur jedoch kaum grüne Kräuter. Deshalb spielt die Birke mit ihrer weiß glänzenden Rinde eine Rolle bei diesem Termin. Aber vielleicht gedeihen in Ihrem Garten oder im Balkonkasten bereits Gänseblümchen (→ Seite 47)? Die Blätter und Blüten schmecken gut in gemischten Salaten, die zur Reinigung des Körpers beitragen.

ZEREMONIEN AN LICHTMESS

Egal, wie lausig das Wetter sein mag, ziehen Sie sich warm an und gehen Sie für einen kurzen Spaziergang an die frische Luft! Wenn Sie keine Birke im Garten haben, werden Sie sicher in der Nähe eine finden. Legen Sie heute und auch in den folgenden

Aus Gänseblümchen können Sie auch bezaubernde Blütenkränze winden.

KRÄUTER DES JAHRESKREISES

Wochen immer wieder Ihr Ohr an den Stamm – Sie werden die aufsteigenden Säfte im Stamm rauschen hören – je wärmer es wird, umso lauter vernehmen Sie das Strömen! Ihr Ohr am Puls der Zeit!! Winden Sie einen kleinen Kranz aus den biegsamen Zweigen der Birke und stecken Sie zwischen die einzelnen Äste die ersten grünen Blätter oder Blüten der Gänseblümchen. Seine weißen Blüten strahlen in der Klarheit und Reinheit dieses Lichtmess-Tages. Zu Hause richten Sie sich eine Lichtmess-Ecke ein: Birkenkranz und Gänseblümchen umgeben Sie mit acht Teelichtern. Im Licht der Kerzen freuen Sie sich auf den kommenden Frühling, den Sonnenschein, die Wärme und die Leichtigkeit. Sie können zusätzlich Steine, die Sie im Urlaub gesammelt haben, mit Symbolen Ihrer Wünsche für die nächsten Wochen bemalen. Legen Sie die Steine zwischen die Kerzen, so dass ein richtiger Stein-Lichtkreis entsteht, der Sie bei der Verwirklichung Ihrer Pläne auf magische Weise unterstützen wird.

21. März – Frühjahrs-Tag-und-Nachtgleiche

Begrüßen Sie den Frühling mit einem Spaziergang durch Ihren ergrünenden Garten oder über Frühlingswiesen. Hier können Sie die ersten frischen Wildkräuter pflücken. Dank dieser Kraftpakete aus Vitaminen und Mineralstoffen hat die Frühjahrsmüdigkeit keine Chance mehr – auch die Lebensgeister werden geweckt von der grünen Frühlings-

power! So versorgt zum Beispiel Löwenzahn (→ Seite 52f.) Sie mit Selbstbewusstsein und Unverwüstlichkeit, Huflattich unterstützt Ihren Pioniergeist, Wegerich sorgt für Selbstachtung, die Schlüsselblume bringt Zuversicht und das duftende Veilchen ermöglicht liebevolle Kontakte.

ZEREMONIEN ZUR FRÜHJAHRS-TAG-UND-NACHTGLEICHE

Es ist jetzt an der Zeit, in Töpfen oder Balkonkästen die ersten Samen von robusten Kräutern zu säen. Symbolisch können Sie an diesem Tag auch Keime Ihrer Wünsche in die Erde geben, zusammen mit der Bitte, sie gedeihen, reifen und Früchte tragen zu lassen. Die mit Symbolen bemalten Ostereier sind übrigens ursprünglich ebenfalls nichts anderes als sichtbar gemachte Wünsche. Schreiben Sie doch alle Ihre Wünsche auf kleine Stückchen Papier und füllen Sie sie in ein ausgeblasenes Ei! Malen oder schreiben Sie sie außen auf die Schale. Das Wunschei vergraben Sie am nächsten Vollmond dort in der Erde, wo sich etwas verwirklichen soll. Bis der Mond seine volle Schönheit erreicht hat, bewahren Sie das Ei in einem Nest aus Gras, gekeimtem Gerstengetreide oder Kresse auf. Dazu legen Sie Gerstenkörner (aus dem Bioladen) oder Kressesamen etwa zwei Wochen, bevor das Nest gebraucht wird, in feuchte Watte und achten Sie darauf, dass die sich entwickelnden grünen Keime immer gut feucht gehalten werden. Ab und zu können Sie einige dieser Keimlinge auch naschen. Sie sind ein wahrer Jungbrunnen für Ihre Lebenskraft.

AUS KRÄUTERN

31. April – Walpurgis

Die Walpurgisnacht ist nicht nur das große Fest der Hexen, es ist auch die Nacht, in der das Hochzeitsfest von Himmel und Erde rauschend gefeiert wird. Der am 1. Mai aufgestellte Maibaum ist übrigens ein Symbol für diese Hochzeit und bringt das Glück für ein ganzes Jahr mitten in das Dorf. Die Maitänze waren und sind Ausdruck der puren Lebensfreude und -kunst!

Die Blumen des Frühlings sind die Träume des Winters.

Khalil Gibran

ZEREMONIEN IN DER WALPURGISNACHT

Ob Sie tanzen oder nur spazieren gehen: schmücken Sie sich mit einigen Blüten des Weißdorns und spüren Sie, wie sich Ihr Herz mit Leichtigkeit anfüllt. Im Duft der Maiglöckchen (die Pflanze ist giftig!) weht der Geist weiser Frauen mit, die sich mit den Geheimnissen der Liebe auskennen. Wer sicher gehen möchte, dass er keiner Hexe erliegt, sollte zur Walpurgisnacht genügend Bärlauch essen! Wem das noch nicht genügt, der flechte sich einen Kranz aus Gundelrebe (auch Gundermann genannt, → Seite 44). Damit geschmückt, werden Sie sich nicht nur als Maikönigin fühlen, sondern Sie können auch mit klarem Blick die echten Hexen erkennen! Wer außerdem noch ein vierblättriges Kleeblatt bei sich trägt, ist überhaupt vor jedem falschen Zauber gefeit und kann sich dem Charme dieser Nacht hingeben! Nicht zu vergessen die Maibowle, die mit Waldmeisterkraut angesetzt wird (→ Seite 61): sie entführt in tanzende Traumwelten! Wer sich übrigens am ersten Maimorgen das Gesicht mit dem Tau aus den Blüten des Weißdornbusches wäscht, wird in Schönheit erstrahlen – keine Creme kann da mithalten! Sich gar gegen Morgen im Wiesentau zu wälzen, garantiert ein Jahr voller Gesundheit und Glück!

21. Juni – Sommersonnenwende

Der Lauf des Jahres ist der Lauf der Sonne. Nun hat sie ihren höchsten Stand am Himmel erreicht, die Natur lebt ihre schönsten Träume – und doch werden genau von diesem Datum an die Tage wieder kürzer. Es gilt, jeden Augenblick als einmalig und unwiederbringlich zu erkennen und daraus Zuversicht und Stärke zu gewinnen. Gegürtet mit Beifuß und bekränzt mit Johanniskraut, tanzte und tanzt man leichtfüßig mit den Kräften dieser Nacht. Der Sprung durch das niedergebrannte Sonnwendfeuer bestärkt all diese Erfahrungen und Eindrücke und befreit von jeglichen Hindernissen.

ZEREMONIEN ZUR SOMMERSONNENWENDE

Es gibt unzählige Bräuche, um den Zauber dieser Nacht festzuhalten, hier nur einer davon: Pflücken Sie gelb blühende Pflanzen, sieben verschiedene Arten sollten es sein. Binden Sie alle mit einem gelben Faden zusammen und umrunden Sie mit dem

KRÄUTER DES JAHRESKREISES

Die Gundelrebe oder der Gundermann reckt die kecken Blütengesichter in die Höhe.

Strauß in der Hand sieben Mal das Sonnwendfeuer. Anschließend ziehen Sie ihn noch sieben Mal durch den Rauch der Flammen. Dadurch dringen auch die Kräfte des Feuers in die Kräuter ein und bewirken eine Reinigung, bringen Heilung und Gesundheit für ein ganzes Jahr. In Ihrer Wohnung trocknen Sie diesen Strauß kopfüber hängend und bewahren ihn an einem dekorativen Platz auf. Er wird Sie das Jahr über begleiten. Im nächsten Jahr können Sie ihn mit Dank den neuen Flammen übergeben. Diese gelben Pflanzen könnten zum Beispiel sein: Johanniskraut, Ringelblume, Echtes Labkraut, Wundklee, Schöllkraut, Gänsefingerkraut, Odermennig oder Nachtkerze. Genauso gut eignen sich auch andere gelb blühende Pflanzen, die in Ihrer Umgebung wachsen. Die Asche der Jahreskreisfeuer ist übrigens für Ihre Blumentöpfe ein ganz besonders würziger Energetisierer! Haben Sie einen Garten, so streuen Sie auch noch Asche in alle vier Ecken oder alle vier Himmelsrichtungen und sorgen so für Fruchtbarkeit im neuen Vegetationszyklus.

AUS KRÄUTERN

2. August – Erntefest

Im Garten und auf den Feldern ist nun die Ernte in vollem Gange und diese Feier Anfang August stellt ein erstes Fest des Dankes für die Gaben der Erde dar. Das erste Brot aus dem frisch gedroschenen Getreide wird gebacken und gemeinsam verzehrt. Das nährt auch das Vertrauen in die Zukunft. Früher hieß es, dass die Göttin Flora den Erntesegen aus ihrem Füllhorn über das Land ausschüttet. Nicht nur Kräuter, Gemüse, Obst und Getreide werden reif, auch die Heilpflanzen haben im Laufe des Sommers genügend Sonne getankt und gespeichert. Es ist eine gute Zeit, jetzt aus Garten und Natur einen Vorrat für den Winter anzulegen: für schmackhafte Gerichte und um gefeiht zu sein gegen Kopfschmerzen, Grippe, Bauchweh und andere Unpässlichkeiten. Tradition haben auch die Kräuterbüschel, je nach Region werden 7, 9, 77 oder gar 99 verschiedene Kräuter zu einem Strauß gebunden. In vielen Gemeinden ist es heute noch Brauch, sie am 15. August, an Mariä Himmelfahrt, in der Kirche weihen zu lassen.

ZEREMONIEN ZUM ERSTEN ERNTEDANKFEST

Auf einem Spaziergang durch Garten und Natur sammeln Sie eine magische (s.o.) Anzahl von Ihnen bekannten Kräutern und Heilpflanzen und binden daraus einen Strauß. Die Mitte füllt eine große Blüte, das kann eine schlanke Königskerze sein oder auch eine leuchtende Sonnenblume. Um dieses Zentrum herum gruppieren Sie die gesammelten Pflanzen ganz nach Ihrem Geschmack. Getreideähren passen ebenfalls gut dazu. Ein persönliches Kräuterweihe-Ritual lässt sich ähnlich wie bei der Sommersonnenwende (→ Seite 24) durchführen. Vielleicht haben Sie Lust, mit Ihren Kindern anschließend über der Glut des Feuers die beliebten Stockbrote zu garen und des ersten Kornes zu gedenken? Auch der zu diesem Datum gesammelte Strauß bekommt einen besonderen Platz in Ihrer Wohnung.

Sonnenblumen können auch ins Zentrum eines Kräuterstraußes gebunden werden.

KRÄUTER DES JAHRESKREISES

23. September – Herbst-Tag-und-Nachtgleiche

Wieder herrscht das Gleichgewicht zwischen Tag und Nacht, und dieses Mal ist es mit dem Dank an die Erde und den Himmel verbunden, für all die Gaben, die sie gemeinsam hervorgebracht haben. Überall werden jetzt die Erntedankfeste gefeiert. Früher futterten die Menschen sich in diesem Überfluss gleich einen Winterspeck an, um für die kalte Jahreszeit gerüstet zu sein. Es ist auch die Zeit, um Erinnerungen auszutauschen, Bilanz zu ziehen, Erfahrungen zu verwerten und die länger werdenden Abende für gemütliche Unterhaltungen zu nutzen. Die Natur kleidet sich langsam in rauschende Farben, bevor die Stürme und die ersten Nachtfröste die Blätter von den Bäumen lösen. Lassen Sie sich den Wind durch die Haare wehen, sammeln Sie einige Eicheln auf und tragen Sie sie bei sich – das Glück wird Sie begleiten! Immer auch eine braune Rosskastanie in der Hosentasche zu haben, beugt übrigens Rheuma und Durchblutungsstörungen vor. Der Altweibersommer lässt nun seine glitzernden Spinnweben wabern. Man sagt, sie sähen aus, wie das Haar der Herbstfrau, die sich in die Erde zurückzieht.

ZEREMONIEN ZUM ZWEITEN ERNTEDANKFEST

Wählen Sie das schönste Exemplar von jedem Kraut, jeder Blume, jeder Frucht, jedem Gemüse und dekorieren Sie alles in einer Ecke des Zimmers

> **TIPP**
>
> Zu den Pflanzen, die den Übergang zum Herbst erleichtern, gehört auch das Wiesenlabkraut. Es schützt als Teegenossen Haut und Schleimhaut vor der kalten Herbstluft und vor Ansteckung.
> Die Ringelblume stärkt ebenfalls die natürlichen Abwehrkräfte, sie macht dazu in ihren beiden Blütenfarben dem gelben Sonnenaufgang und dem orangefarbenen Abendhimmel Konkurrenz. Eine Augenweide nicht nur für das Herbstbukett, sondern auch für die schön gedeckte Tafel!
> Die Gemeine Schafgarbe schließlich enthält viele ausgleichende Elemente, in ihr ist die Wärme des Sommers gespeichert, die Sie mit jeder Tasse Tee durch die kälteren Tage begleiten wird.

oder auf dem Balkon. Der Anblick dieses Herbsttisches wird nicht nur Ihr Herz höher schlagen lassen: Er wird Sie entführen in das Reich der Genüsse und der Freude. Macht sich dabei nicht von alleine ein Gefühl der Zufriedenheit und der Dankbarkeit breit? Bereiten Sie aus diesen Gaben der Natur Speisen und Getränke, und laden Sie Freunde dazu ein. Den ersten Schluck des Getränkes – egal, ob Wein, Tee oder Saft – geben Sie auf die Erde (oder in den Blumentopf), um Mutter Erde zu danken und zu ehren. Geben Sie auch ein paar Teigkügelchen in das Feuer oder die Kerzenflamme, die Feuergeister freuen sich darüber.

Vitalkräfte
AUS KRÄUTERN

31. Oktober – Halloween

Es wird jetzt abends deutlich früher dunkel und die Gedanken sollten sich allmählich nach innen wenden. Dieses Datum war ursprünglich der Zeitpunkt des keltischen Neujahrsfestes. Die Kelten glaubten, dass an diesem Tag die Wand zwischen den Welten sehr dünn sei und die Geister der Toten sich noch einmal auf der Erde umsehen würden. Damit die Lebenden vor Spuk und Schabernack geschützt waren und doch den Segen der Ahnen bekamen, stellten sie etwas Essbares vor die Tür und zündeten eine Kerze an. Diese wurde zunächst in ein Windlicht aus einer ausgehöhlten Rübe gegeben, später dann verwendete man die üppigeren Kürbisse. Heute ist Halloween vor allem ein Fest der Kürbisse und der Kinder, die sich als Hexen, Gespenster oder Geister verkleiden, herumspuken und sich eine Belohnung in Form von Süßigkeiten holen. Nach Halloween darf draußen in der Kräuterwelt übrigens nur noch der Beifuß geerntet werden. Mit ihm wird dann die Martinsgans eingerieben, damit ihr fettes Fleisch leichter verdaulich ist.

Jeder Mensch zieht die Pflanze, die er braucht, wie ein Magnet an.

Paracelsus

ZEREMONIEN FÜR HALLOWEEN

Besorgen Sie sich Salbeiblätter – egal, ob frisch, aus dem Garten oder getrocknet. Saugen Sie den Duft in sich auf und verkokeln Sie ein bisschen davon im Raum – so wie Sie es als Kind mit den Tannennadeln über einer Kerzenflamme gemacht haben. Eine andere Möglichkeit ist es, Salbei in einer Schale zu verräuchern oder sein ätherisches Öl in eine Duftlampe zu geben. Salbei reinigt den Raum sowie die Atmosphäre und stimmt Sie auf das Folgende ein. Nutzen Sie die Zeit der Besinnung und ziehen Sie Bilanz: was ist gut gelaufen und welche Gedanken oder Gewohnheiten möchten Sie besser hinter sich lassen? Schreiben Sie alle problematischen Angelegenheiten auf einen Zettel und verbrennen Sie ihn symbolisch in einer Kerzenflamme. Nun werden neue Ideen aus Ihrem Innersten in Ihr Bewusstsein drängen!

21. Dezember – Wintersonnenwende

Sie ist die längste Nacht des Jahres und trennt die Zeiträume von zwei Sonnenzyklen, ein altes Jahr geht zu Ende, ein neues nimmt seinen Anfang. In früheren Zeiten wurden in dieser Nacht Feuer entzündet, um die Sonne zu ermuntern, wieder länger zu scheinen. Man gedachte auch in Dankbarkeit der Erde, dem Wasser, dem Wind und dem Feuer. Denn unsere Vorfahren wussten: „Der Wind braucht uns nicht, um zu wehen, das Feuer braucht uns nicht, um zu brennen, das Wasser braucht uns nicht, um zu fließen, aber wir können ohne sie nicht leben". Immergrüne Pflanzen wie Stechpalme oder Tanne schmücken nun das Haus. Sie sind das Zeichen für die Unsterblichkeit der Natur, den

KRÄUTER DES JAHRESKREISES

Die duftenden Blüten des Salbei ziehen viele Insekten an.

Fortbestand des Lebens – auch wenn es unter einer Decke aus Eis und Schnee erstarrt zu sein scheint.

ZEREMONIEN FÜR DIE WINTERSONNENWENDE

Es liegt ein ganz eigener Zauber darin, zu Beginn dieser Nacht durch Garten oder Wald einen Spaziergang zu machen. Die krautigen Pflanzen sind zwar alle eingezogen, Sie werden aber erstaunt sein, wie viel Immergrünes wie Wacholder noch zu finden ist. Schneiden Sie von jeder Art ein Zweiglein ab und bringen es in Ihre Wohnung oder tragen Sie es zum Feuerplatz draußen. An geeigneter Stelle lässt sich auch bei Minustemperaturen ein Feuer entzünden und wenn es nur im Grill auf dem Balkon ist. Stellen Sie einen heißen Punsch oder Glühwein bereit und erleben Sie diese Nacht! Sie können das Feuer – rückwärts, gegen den Lauf der Sonne – zwölfmal umkreisen und bei jeder Runde an einen Monat im vergangenen Jahr denken: Dezember, November, Oktober … bis Sie den Januar erreicht haben. Alles, was Sie belastet hat, werfen Sie in Gedanken in die Flammen – alles Schöne bewahren Sie in Dankbarkeit in Ihrem Herzen. Bei den nächsten zwölf Runden, jetzt mit dem Sonnenlauf, lassen Sie Pläne für das neue Jahr entstehen. Dann werfen Sie nacheinander die immergrünen Zweiglein in das Feuer, hören auf das Knistern und beobachten die Funken. Der aufsteigende Duft trägt Ihre Wünsche in den Himmel. Natürlich können Sie statt dessen auch eine Kerzenzeremonie im Zimmer durchführen (→ Seite 30).

Vitalkräfte
AUS KRÄUTERN

Energiebringende Zeremonien draußen und drinnen

Im Freien spielen bei den Jahreskreisfesten Feuer, Kräuter, Musik und Tanz eine wichtige Rolle.

Zwischen dem höchsten Stand der Sonne und dem niedrigsten liegen die beiden Tag- und Nachtgleichen. Und zwischen diesen vier Punkten eines Kreuzes ist je ein weiterer Festtag platziert. Dieses sich seit Urzeiten drehende „Jahresrad" hat also acht „Speichen". Sie symbolisieren den Rhythmus in der Natur, der Pflanzen – und der großen Feste.

JAHRESKREISFESTE IM FREIEN

Diese Feste wurden – wie bei Asterix und Obelix – meistens am Feuer gefeiert. Soweit möglich, entzünden Sie im Garten, auf Terrasse oder Balkon im Grill ein Minifeuerchen und begrüßen Sie damit die jeweils neue Jahreszeit. Die Pflanzen der Feste, die Sie im Garten oder in der Umgebung frisch gesammelt haben, halten Sie in oder über das Feuer, lassen sich von dem Duft verführen und lauschen dabei Ihren Gedanken. Oder Sie ziehen einen Strauß aus diesen Kräutern durch den Rauch und imprägnieren ihn so mit den Feuerkräften. Getrocknet erfüllt er bis zum nächsten Jahreskreisfest Ihr Zimmer mit seiner Kraft. Wenn Sie draußen keine Möglichkeit haben, feiern Sie im Zimmer folgendes Ritual:

KERZENZEREMONIE IM ZIMMER

Vergessen Sie für diesen Abend alle Arbeit und Probleme und legen Sie eine Atempause ein! Nutzen Sie diese Kerzenzeremonie als Kraftquelle zum Einswerden mit sich selbst und den Rhythmen der

Special

Natur! Für den Rückzug in Ihre eigene Welt stellen Sie ab, was Sie von außen stören könnte: Telefon, Türklingel ... Damit die vier Elemente Erde, Feuer, Wasser und Luft auch an der Gestaltung dieses Abends beteiligt sind, legen Sie folgende Utensilien zurecht: eine tönerne Räucherschale, in die Sie etwas trockenen, feinen Sand geben, getrockneten Beifuß oder Salbei (nicht für Schwangere) zum Verräuchern und eine Feder, um den Rauch zu verteilen. Ein Schälchen mit Wasser, in dem die Blüten der Jahreszeit schwimmen, gehört genauso dazu wie Kerzen. Einfach und immer wieder schön ist es, acht Teelichter in kleine Schalen zu geben und als Kreis in der Anordnung des Jahresrades aufzustellen. Den Kreis vervollständigen können Sie noch mit Kräutern, die gerade blühen. Am besten haben Sie sie im Garten oder auf einem Spaziergang selbst gepflückt. Wenn alles schön arrangiert ist, zünden Sie die Kerzen an und verräuchern vorsichtig etwas Beifuß oder Salbei. Folgen Sie dem Weg des Rauches mit all Ihren Sinnen und verteilen ihn mit der Feder ganz bewusst in alle Himmelsrichtungen. Wählen Sie ein Kraut, das Sie heute ganz besonders anspricht, und ziehen Sie es mit dem Lauf der Sonne durch die Wärme der Kerzenflammen! Achten Sie auf Ihre Gedanken, Gefühle, Empfindungen und Sinneswahrnehmungen – sie werden eine Botschaft für Sie enthalten! Sanfte Musik kann diese Zeremonie begleiten. Wann Sie diese Zeit für sich selbst beenden wollen, bleibt ganz Ihnen überlassen. Bevor Sie die Kerzen ausblasen, sollten Sie noch den Dank an alle vier Elemente richten.

Im Zimmer gehören zu den Zeremonien die vier Elemente Erde, Wasser, Feuer und Luft.

Gärtnern MIT KRÄUTERN

O GROSSE KRÄFTE SIND'S –
WEISS MAN SIE RECHT ZU PFLEGEN.
DIE PFLANZEN, KRÄUTER, STEINE
UNS IM INNERN HEBEN!

William Shakespeare (Romeo und Julia)

MIT KRÄUTERN

Kleines Pflege-Einmaleins für besonders energiereiche Kräuter

Für die Pflege Ihrer Kräuter brauchen Sie ein paar Geräte, etwas Zeit – und viel Liebe. Ein eigener Garten ist nicht unbedingt nötig, denn Sie können alle Arten auch auf Terrasse, Balkon und draußen oder drinnen am Fensterbrett ziehen.

GUTE ERDE

Ihre Kräuter brauchen nährstoffreiche Erde, um ihre Energien entwickeln zu können. Zur Verbesserung der Gartenerde eignet sich Kompost sehr gut, den Sie selbst herstellen oder zukaufen können. Für die Kultur in Gefäßen besorgen Sie am besten Topfpflanzenerde im Fachgeschäft. Dort gibt es auch spezielle Aussaaterde, in der Ihre Sämlinge besonders gut wachsen werden.

Was in Ihrem Garten wächst, ist mit Ihnen verwandt.

Mellie Uyldert

SCHÖNE GEFÄSSE

Töpfe aus Ton und Terrakotta sind dekorativ und bringen mediterranes Flair. Plastiktöpfe sind billiger, leichter zu transportieren und lassen sich in schönen Übertöpfen verstecken. Diese können aus Keramik, Weide, Holz oder Metall sein. Für eine größere Pflanzengesellschaft gibt es Kästen aus Ton, Holz oder Kunststoff. Hübsch sind auch schmückende Accessoires wie kleine Figuren, Windspiele oder glitzernde Rosenkugeln aus Glas oder Keramik.

PRAKTISCHE GERÄTE

Sie brauchen zumindest eine kleine Pflanzschaufel, einen Handgrubber zum Unkraut lockern, eine Gartenschere und natürlich auch eine Gießkanne. Suchen Sie sich irgendwo in Haus oder Nebengebäude eine Ecke mit Platz für einen Arbeitstisch und Geräte. Noch schöner wird dieser Bereich mit einem Windlicht, einer Sonne oder einem Mond aus Ton.

SAATGUT UND PFLANZEN

Sicher fehlen Ihnen noch einige Arten für den „Energie-Garten"? Samen und Pflanzen von Küchenkräutern bekommen Sie in fast jedem Fachgeschäft. Die Wildkräuter sind im Handel schwieriger zu finden. Auf Seite 78 finden Sie eine Adresse, wo Sie Samen und Pflanzen bestellen können.

AUSSÄEN UND VERMEHREN

Anleitungen zur Aussaat und auch Hinweise auf Besonderheiten finden Sie in der Tabelle (→ Seite 42) und auf den Samentüten. Gut geeignet zur Saat sind flache Schalen oder Kistchen. Füllen Sie diese mit Aussaaterde, säen Sie den Samen möglichst dünn aus und decken Sie ihn leicht mit Erde ab. Vorsichtiges Angießen nicht vergessen! Die Schale sollte nun warm und hell stehen und die Erde nie ganz austrocknen. Haben die Sämlinge das erste Laubblattpaar entwickelt, so werden sie am besten auf etwa 5 cm Abstand ausgedünnt oder verpflanzt.

DIE PFLEGE DER KRÄUTER

Es gibt übrigens Kräuter mit ganz unterschiedlicher Lebensdauer: Die Einjährigen wie das Basilikum sind die „Sprinter", die ihren ganzen Lebenszyklus von der Keimung bis zur Blüte und Samenreife in sehr kurzer Zeit abwickeln und jedes Jahr neu herangezogen werden. Daneben gibt es die ausdauernden Kräuter wie den Salbei, darunter sind aber auch einige mediterrane Geschöpfe wie der Rosmarin, die bei uns nur im Haus überwintert werden können. Hier gilt: im Herbst aufbrauchen oder drinnen durch den Winter hätscheln. Die ausdauernden Arten lassen sich auch gut durch Stecklinge vermehren: Vielleicht bekommen Sie im Frühsommer von Bekannten 8-10 cm lange Triebspitzen von einem Kraut, das Ihnen noch fehlt? Stecken Sie sie in einen Topf mit feuchter Pflanzenerde und stülpen Sie eine durchsichtige Plastiktüte darüber, damit die Triebe nicht zu viel Wasser verlieren. Schon in wenigen Wochen können sie an einem hellen, aber nicht sonnigen Platz Wurzeln bilden und zu wachsen beginnen.

PFLANZEN UND UMTOPFEN

Wenn Sie Kräuter in den Garten setzen, bereiten Sie ein Pflanzloch vor, in dem der Wurzelballen leicht Platz findet. Das Kraut wird immer so tief gepflanzt, wie es vorher im Gefäß gewachsen ist.

In Gefäßen legen Sie zuerst einen Stein über das Wasserabzugsloch, damit die Erde beim Gießen dort nicht hinausgeschwemmt wird. Füllen Sie dann nur so viel Erde ein, dass die Oberkante des Wurzelballens etwa 2 cm unterhalb des Topfrandes

zu liegen kommt. Das ergibt einen praktischen „Gießrand". Füllen Sie jetzt seitlich mit Erde auf, drücken Sie die Pflanze sanft an und gießen Sie sie durchdringend. Stellen Sie Ihre Schützlinge für die erste Woche noch nicht in direktes Sonnenlicht.

GIESSEN UND DÜNGEN

Richtig gießen hat etwas mit gut Beobachten zu tun: Fühlen Sie mit den Fingern, wie nass die Erde ist, und dosieren Sie die Wassermenge entsprechend. Im Sommer und bei trockener Witterung muss meist täglich gegossen werden, während der Ruhezeit im Winter nur selten und nur im Haus.

Gute Komposterde enthält genügend Nährstoffe für etwa 5-6 Wochen. Erst danach sollten Sie alle 2-3 Wochen mit einem biologischen Präparat düngen. Ab August brauchen auch ausdauernde Pflanzen keinen Dünger mehr.

TIPP

Nutzen Sie die Kraft des Mondes: An Vollmond-Tagen ist es gut, zu düngen, bei zunehmendem Mond werden alle nach oben wachsenden Arten wie Basilikum, bei abnehmendem Mond alle nach unten wachsenden wie Wurzelpetersilie gesät oder gepflanzt – und bei Neumond dürfen Sie beruhigt faulenzen. Wenn Sie noch mehr zum „Mondgärtnern" wissen wollen, finden Sie auf Seite 78 einen Buchtipp.

MIT KRÄUTERN

Ideen für einen kraftvollen Kräutergarten

Der Jahreskreis-Garten braucht nicht viel Pflege – er will nur be(ob)achtet werden. Verfolgen Sie den Lauf des Jahres am Leben der Pflanzen. Jede Art blüht zu einer bestimmten Jahreszeit und bietet immer wieder einen anderen Anblick. Das Beet sieht selbst noch im Winter zauberhaft aus, wenn Raureif und Schnee die vertrockneten Fruchtstände in kleine Kunstwerke verwandeln.

DAS JAHRESKREIS-BEET ANLEGEN

Sie benötigen dazu nur eine Fläche von etwa einem Quadratmeter! Lockern Sie den Boden tiefgründig und rechen Sie ihn eben. Ziehen Sie mit dem Finger einen Kreis von etwa ein Meter Durchmesser, er muss nicht perfekt sein. Suchen Sie nun acht schöne Steine, um die acht Festpunkte des Jahres auf der

Zuerst werden acht Steine auf den Kreis und ein besonders schöner ins Zentrum gelegt.

Kreisbahn zu markieren, sowie einen großen für die Mitte. Überlegen Sie, welcher Stein am besten in den Osten passt, wo die Sonne aufgeht, welcher den Höchststand der Sonne im Süden auch dann repräsentiert, wenn sie nicht scheint, welcher an den Sonnenuntergang im Westen erinnert – und welcher für den kühlen, klaren Norden steht. Vier weitere Steine finden ihre Plätze wie auf einem zweiten Kreuz dazwischen. Das große Exemplar kommt ins Zentrum, um das sich alles dreht. Spüren Sie die Ausstrahlung des Steinkreises?

DEN STEINKREIS BEPFLANZEN

Der beste Pflanztermin ist an einem schönen Frühlings- oder Herbsttag. Bevor Sie die Pflanzen einsetzen (→ Seite 35), werden sie noch gründlich gewässert.

● Beginnen Sie mit der Pflanze für Lichtmess, dem Gänseblümchen. Setzen Sie es zwischen den nördlichen Stein und den folgenden im Nordosten.

● Für den Frühlingsanfang wird der Löwenzahn zwischen die Steine im Nordosten und Osten gepflanzt. Wenn Sie aus den Blüten Löwenzahnhonig machen oder ein seidenweiches Gesichtswasser herstellen (→ Seite 68), brauchen Sie keine Angst zu haben, dass die Samen ihren Garten in eine Löwenzahnwiese verwandeln!

● Für die Walpurgisnacht und den Maianfang setzen Sie eine Gundelrebe zwischen die nächsten Steine. Ihre Ranken werden sich zum Bodendecker

KRAFTVOLLER KRÄUTERGARTEN

entwickeln und ihre blauen Blüten die Bienen herbeilocken.

● Die nächste Station im Jahresrad ist die Sommersonnenwende. Mit Hilfe des Beifußes fangen Sie die Kräfte des längsten Tages im Jahr ein. Pflanzen Sie ihn vor den südlichen Stein in den Kreis.

● Anfang August, am Fest des ersten Brotes, wird die Sonnenblume in voller Blüte stehen. Sie kommt zwischen den südlichen und südwestlichen Stein.

● Zur Herbst-Tag-und-Nachtgleiche gehört die Schafgarbe. Ihr Platz ist vor dem Stein im Westen.

● Zu Halloween können Sie mit Salbei unliebsame Geister fern halten. Sein Pflanzloch liegt zwischen dem westlichen und nordwestlichen Stein.

● Den Jahresreigen beschließt zur Wintersonnenwende die Stechpalme als immergrüne Pflanze und Symbol für die Unsterblichkeit des Lichts. Setzen Sie sie links neben den nördlichen Stein. Es wird zwar ein paar Jahre dauern, bis ihre roten Beeren Sie erfreuen, aber schon vorher halten die stacheligen Blätter Störenfriede fern.

Das fertig bepflanzte Jahreskreis-Beet in voller Blütenpracht.

Wohlfühl-Ecke für die Terrasse

Stellen Sie neben Ihren Lieblingsstuhl schöne Gefäße oder Blumenkästen, die Sie mit Ihren „Traumkräutern" bepflanzen. Wahrscheinlich werden Sie hier Arten bevorzugen, die betörende Düfte verströmen und Sie mit ihren bezaubernden – auch essbaren! – Blüten erfreuen: Duftpelargonie, Malve, Taglilie, vielleicht noch Echten Jasmin oder Kletterrosen – die, an einem Rankgitter gezogen, Schutz vor neugierigen Blicken bieten.

37

Gärtnern mit Kräutern

Kraftquelle und Oase Balkon dank hilfreicher Kräuter

Nutzen Sie auf dem Balkon jeden Winkel und alle Ebenen: Stellen Sie auf den Boden Gefäße mit Minze, Thymian oder Melisse, den Jahreszeitentopf, der Ihre Knie umschmeichelt, und einen Kübel mit einer Rose, die in Nasenhöhe duftet. Lavendel und Rosmarin fühlen sich in Töpfen oder Kästen wohl, die am Geländer befestigt werden. Über Ihrem Kopf könnte als Farbtupfer eine Hängeampel mit Kapuzinerkresse schweben und an einem Spalier an der seitlichen Balkonwand das Geißblatt mit seinen betörenden Blüten wachsen.

DER JAHRESZEITENTOPF

Für die Balkon-Variante des Jahreszeitenkreises brauchen Sie eine Taschenamphore, mit vier bepflanzbaren Ausbuchtungen an der Außenseite. Im Boden sollte ein Wasserabzugsloch sein. Sie brauchen etwas Kies, um am Boden des Gefäßes eine Drainageschicht aufzuschütten, die verhindert, dass sich Staunässe bildet. Füllen Sie dann die Amphore mit guter Pflanzenerde auf. Beste Pflanzzeit ist ein Tag im Frühjahr oder Herbst. Die kleineren Kräuter für die vier „Kreuzvierteltage" kommen in die Ausbuchtungen, die Pflanzen für die vier großen Jahreskreisfeste oben in den Topf – in regelmäßigen Abständen wie auf die vier Endpunkte eines Kreuzes gesetzt:

● Beginnen Sie mit dem Gänseblümchen, das Sie als Gruß an den Frühling in eine seitliche Öffnung pflanzen.

● Als Nächstes setzen Sie oben in den Topf einen kleinen Löwenzahn. Sollte er sich zu wohl bei Ihnen fühlen und zu üppig wachsen, können Sie jederzeit seine wunderbar frischen Blätter und Blüten für die Rezepte in diesem Buch verwenden. Er wird Sie fleißig mit Nachschub versorgen!

● Die im Uhrzeigersinn folgende Öffnung ist reserviert für die Pflanze der Walpurgisnacht. Hier darf die Gundelrebe herausquellen. Sie wird umso buschiger wachsen, je öfter Sie ihre Ranken einkürzen.

● Der Beifuß als Pflanze für die Sommersonnenwende wird wieder oben in den Topf gepflanzt. Wenn der Beifuß zu groß wird, stutzen Sie ihn kräftig und bereiten Sie aus den Trieben einen kraftspendenden Essig (→ Seite 60).

● Die dritte Öffnung wird mit Thymian gefüllt – wählen Sie Ihren liebsten Vertreter aus der Gruppe der Thymian-Gewächse aus! Anfang August wird er mit „Sommerurlaubsaroma" Ihre Sinne erfreuen.

● Eine kleinwüchsige Vertreterin aus der vielgestaltigen Sonnenblumen-Familie pflanzen Sie nun in die

Zuerst wird die Taschenamphore mit guter Pflanzerde gefüllt.

KRAFTQUELLE BALKON

Mitte des Topfes. So haben Sie stets eine blühende Sonne als Mittelpunkt.
● Die Schafgarbe für die Herbst-Tag-und-Nachtgleiche wird wieder oben an den Rand gesetzt.
● Ihr folgt der Salbei in der vierten und letzten äußeren Tasche.
● Als Letztes kommt ein junger, klein gewachsener Vertreter der Stechpalme in den oberen Teil des Topfes. Mit dieser Pflanze für die Wintersonnenwende ist der Jahreszeitentopf komplett. Natürlich möchte er nun bei Trockenheit regelmäßig gewässert und bis August alle 2-3 Wochen gedüngt werden.

EIN DUFTENDER GUTE-LAUNE-KASTEN

Kaufen Sie eines von den wunderschönen rechteckigen Tongefäßen, die in guten Fachgeschäften zu finden sind. Die Größe richtet sich nach der vorhandenen Stellfäche – der Platz sollte am besten nicht in der prallen Sonne liegen. Bepflanzen Sie den Kasten mit Ihren persönlichen Gute-Laune- und Entspannungs-Duftkräutern für den Feierabend. Um den Geruch nach Frühling auf Ihren Balkon zu holen, setzen Sie zum Beispiel Schlüsselblumen und Duftveilchen zusammen. Eine inspirierend riechende Dichternarzisse passt mit ihren weißen Blüten auch sehr gut dazu – die Zwiebeln werden im Herbst gesetzt oder Sie kaufen im Frühjahr im Topf vorgezogene Pflanzen. Einen erfrischenden und belebenden Nasenspaziergang bietet eine Kombination aus Pfefferminze, Zitronenmelisse, Salbei und Bohnenkraut. Alle Kräuter lassen sich gut in der Küche verwenden, zum Beispiel für eine köstliche Kräuterbutter. Neben so einem Kasten können Sie einen lauschigen Abend zu zweit auf dem Balkon verbringen, an dem Sie den Alltag vergessen – mit frischem Baguette, Kräuterbutter und Löwenzahnsekt (→ Seite 60 und 62).

Der bepflanzte Jahreszeitentopf ist mit seinen Blüten eine Augenweide.

MIT KRÄUTERN

Kräuter-Energien von Ihrer häuslichen Fensterbank

Natürlich können Sie die Kräuter des Jahreskreises auch auf der Fensterbank ziehen. Da sie jedoch Wildkräuter sind, bevorzugen sie die Außenseite des Fensters. In einem hübschen Kasten oder auch einzelnen Tontöpfen – alle müssen gut befestigt sein – werden sie Ihnen Freude bereiten. Um die Töpfe im Sommer nicht den ganzen Tag der brennenden Sonne auszusetzen, sind Fenster in Ost- oder West-Richtung am besten als Standorte geeignet. Es ist ausreichend, wenn sie einige Stunden lang direktes Sonnenlicht erhalten. Gehören Sie zu den Glücklichen, die nur Südfenster haben? Dann sollten Sie den Jahreskreis-Pflanzen um die Mittagszeit mit einer Markise, einem Sonnensegel oder einem Sonnenschirm etwas Schatten geben.

Erfahrung ist aller Kunst und Wissen Anfang.

Hippokrates

LEBENDIGE DUFTVORHÄNGE

Im Haus brauchen Kräuter einen hellen Standort. Wollen Sie die Pflanzen auf der Innenseite des Fensters ziehen, so kaufen oder bauen Sie sich ein schmales Regal, das genau auf die Fensterbank passt. Befestigen Sie es gut, damit es nicht kippen kann. So haben je nach Fensterhöhe zwei, drei oder gar vier Reihen kleiner Blumentöpfe übereinander Platz. Im Laufe der Zeit wird aus diesem Arrangement ein lebendiger „Duftvorhang". Er kann noch durch Duftampeln ergänzt werden, die von der Decke herunter hängen. Auch auf einem kleinen, vielleicht fahrbaren Tischchen können Sie unterhalb des Fensters jene Pflanzen unterbringen, die auch weniger Sonnenlicht vertragen, wie Minze oder Zitronenmelisse.

BEZAUBERNDE DUFTAMPELN

In einer Hängeampel fühlen sich Kräuter wie Basilikum, Bohnenkraut und Salbei wohl. Wenn Sie je nach Platz noch Kapuzinerkresse dazu setzen, haben Sie nicht nur einen schönen Farbtupfer, sondern auch eine essbare gelb-orange Dekoration für Ihren Salat oder die Kräuterbutter.

DER FENSTERBANK-GARTEN

Wenn Sie zwei oder drei Töpfe mit dem gleichen Kraut zusammenstellen, grünt es auf der Fensterbank gleich üppiger. Es ist außerdem praktisch: Während Sie aus dem einen Topf noch ernten, wächst es im anderen wieder nach. Stellen Sie die Pflanzen nach Ihren persönlichen Vorlieben zusammen. Hier einige Vorschläge:
● Basilikum liebt die Sonne. Es wird Sie nicht nur mit seiner frischen Farbe und seinem fröhlichen Duft erfreuen, sondern auch dafür sorgen, dass sich Fliegen und Mücken im Zimmer nicht mehr wohl fühlen. Seine Leichtigkeit überträgt sich auf Ihr Gemüt und Sie werden ahnen, warum Madame Pompadour es als Aphrodisiakum verzehrte! Also ab jetzt Mittwochs (→ Seite 14) Basilikum!

KRÄUTER VON DER FENSTERBANK

● Bohnenkraut passt in seine Nachbarschaft – es hat liebesfördernde Qualitäten besonders bei männlichen Gästen! Verwenden Sie beide Kräuter für ein Liebesmahl zu zweit!

● Zitronenmelisse sorgt nicht nur für ein fröhliches Herz, sondern auch für einen entspannenden Tee oder ein duftendes Bad.

● Ob Sie es glauben oder nicht, auch die Petersilie wurde früher als Aphrodisiakum verwendet. Vielleicht ist sie deshalb ein so beliebtes Küchenkraut. Sorgen Sie also für einen ausreichenden Vorrat.

● Die Pfefferminze passt nicht nur als verdauungsfördernde Zutat in Salate, Saucen und Gemüse – sie fördert auch die Konzentration und das Gedächtnis. Ihr einmalig intensiver Geruch belebt und sorgt für ein gutes Raumklima. Und bei Kopfschmerzen zerreiben Sie einige Blätter zwischen Ihren Fingern und streichen den austretenden Pflanzensaft auf Ihre Schläfen.

● Rosmarin ist eine sehr anregende Pflanze. Als immergrüner Strauch war er in seiner Heimat, dem Mittelmeerraum, ein Symbol für ewige Liebe und Treue. Rosmarin schmeckt nicht nur köstlich zu Bratkartoffeln, sondern ist auch als Tee zum Frühstück eine Freude für Morgenmuffel. Menschen mit niedrigem Blutdruck profitieren von diesem Muntermacher sogar mehr als von Kaffee!

● Vom Salbei gibt es viele verschiedene Sorten, die Sie für Ihre Fensterbank auswählen können. Außerdem sparen Sie sich für die Zukunft alle Mund- und Gurgelwässer, denn ein Salbeiblatt gekaut sorgt stets für eine gesunde Mundflora.

Gleichzeitig tun Sie etwas für Ihre Verdauung! Und getrocknete Salbeiblätter können Sie an langen Winterabenden oder bei der Kerzenzeremonie (→ Seite 30f.) verräuchern und mit den Duftschwaden Ihre Gedanken schweifen lassen. Nebenbei entsteht dadurch ein gesundes Raumklima.

● Thymian darf nicht fehlen bei diesem duftenden Fensterschmuck. Es gibt mittlerweile viele verschiedene Arten und Duft-Nuancen für Gesundheit und Wohlbefinden. Der Geruch des Gewöhnlichen Thymians ist aber auch nicht zu verachten, hilft er Ihnen doch, immer wieder Mut zu fassen und Zuversicht zu entwickeln.

TIPP

Wenn Sie folgende Punkte beachten, wird Ihr Zimmergarten wunderbar gedeihen:

➤ Damit die Kräuter rundum gleichmäßig wachsen und von allen Seiten Licht bekommen, sollten sie alle zwei oder drei Tage gedreht werden.

➤ Nachts sollten Sie wenn möglich lüften und die Heizung abdrehen, denn die Kräuter lieben in der Dunkelheit kühle Temperaturen.

➤ So oft Sie Zeit haben, besprühen Sie die Pflanzen mit einem feinen Wassernebel – sie danken es Ihnen mit einem gesunden Aussehen.

➤ In der kalten Jahreszeit freuen sich die Pflanzen über ein Quartier mit Temperaturen um 10 °C, zum Beispiel im Treppenhaus oder auch im kühlen Schlafzimmer.

MIT KRÄUTERN

Alle wichtigen Wohlfühl-Kräuter auf einen Blick

WILD- UND HEILKRÄUTER

Name	Lebensform	Standort	Anzucht	Blütezeit	Verwendung, Wirkung	Besonderheiten
Baldrian	St.	G, B, So	A/T III–IV	V–IX	Tee, beruhigend	wuchert gerne
Brennnessel	St.	G, B, So	T III/X	VII–X	Tee, Gemüse, harntreibend	wuchert gerne
Frauenmantel	St.	G, So-Hs	A III, T X	V–VII	Tee, adstringierend	dekorative Blätter
Gänseblümchen	St.	G, So-Hs	A/T III–IV	IV–X	Tee, Salat, kräftigend	blüht unermüdlich
Giersch	St.	G, So-Sch	T IV/X	VI–VII	Salat, Suppe, entsäuernd	wuchert gerne
Gundelrebe	St.	G, So-Sch	A IV, T X	IV–VII	Tee, Salat, Gemüse	wuchert gerne
Johanniskraut	St.	G, So-Hs	A IV, T X	VI–IX	Tee, Öl, gegen Depressionen	Allergien möglich
Knoblauchsrauke	St./zweij.	G, So-Sch	A IV	IV–VI	Salat, Pesto, anregend	sät sich gerne selbst aus
Königskerze	zweij.	G, B, So	A IV/X	VII–IX	Tee, schleimlösend	auffallende Pflanze
Labkraut	St.	G, B, So	A VII	VI–IX	Tee, harntreibend	färbt gelb
Löwenzahn	St.	G, B, So	A IV	IV–VI	Tee, Salat, blutreinigend	sät sich gerne selbst aus
Odermenning	St.	G, B, So	A IV	VI–X	Tee, adstringierend	für Redner und Sänger
Schafgarbe	St.	G, B, So	A/T IV	VI–X	Tee, entzündungshemmend	auch wundheilend
Schöllkraut	St.	G, So-Sch	A IV	V–X	gegen Leberleiden	giftig, nichts für Laien!
Sonnenblume	einj.	G, B, So	A IV	VIII–X	Kerne, Öl, senkt Cholesterin	auch als Massage-Öl
Vogelmiere	St.	G, So-Sch	A III–IX	I–XII	Tee, Salat, Suppen	ganzjährig verfügbar
Waldmeister	St.	G, Hs-Sch	T II, A VII	IV–V	Maibowle, gefäßerweiternd	mit Vorsicht genießen
Wegwarte	St.	G, B, So	A IV	VII–X	Tee, Salat, Gemüse	Wurzel als Kaffee-Ersatz

DIE ABKÜRZUNGEN: einj. = einjährige Pflanze, zweij. = zweijährige Pflanze, St. = ausdauernde Staude, G. = ausdauerndes Gehölz, A = Vermehrung durch Aussaat, S = Vermehrung durch Stecklinge, T = Vermehrung durch Teilung, I–XII = die Monate Januar–Dezember, G = Kultur im Garten, B = Kultur auf dem Balkon, F = Kultur am Fenster, So = gedeiht in voller Sonne, Hs = gedeiht im Halbschatten, Sch = gedeiht im Schatten

TIPP: Kräuter, bei denen als Standort der Garten oder Balkon angegeben ist, können Sie auch in gut befestigten Töpfen oder Kästen draußen vor dem Fenster ziehen.

Special

KÜCHENKRÄUTER

Name	Lebens-form	Standort	Anzucht	Blüte-zeit	Verwendung, Wirkung	Besonderheiten
Basilikum	einj.	G, B, F, So	A IV-V	VI-IX	frisch (nicht trocknen)	Blüten ausbrechen
Beifuß	St.	G, B, So	T III/X	VII-IX	Gewürz zu fetten Speisen	Tee fördert Verdauung
Bohnenkraut	St.	G, B, So	A/T IV	VII-IX	Gewürz, gegen Blähungen	passt gut zu Bohnen
Boretsch	einj.	G, So-Hs	A IV	V-IX	Gewürz für Salate, Gemüse	nur in kleinen Mengen
Dill	einj.	G, B, So	A IV-VII	VII-VIII	Gewürz für Salate, Gurken	auch Samen als Gewürz
Kapuzinerkresse	einj.	G, B, F, So	A V	VI-X	Blätter für Salate	auch essbare Blüten
Kerbel	einj.	G, B, Hs	A III-VIII	V-VIII	Salate, Suppen	nicht lange kochen
Kresse	einj.	G, B, F, So	A III-IX	V-IX	Salate, Quark	schnelle Ernte
Majoran	einj./St.	G, B, F, So	A IV	VII-IX	Gewürz für Wurst, Fleisch	frostempfindlich
Petersilie	zweij.	G, B, F, So	A III-VII	im 2. Jahr	Salate, Suppen	ganzjährig im Topf
Pfefferminze	St.	G, B, So-Hs	T III/X	VII	Tee, Saucen, bei Erkältung	Allergien möglich
Portulak	einj.	G, B, So	A V-VIII	VII-VIII	Salate, Saucen, aufs Brot	stärkt das Immunsystem
Rosmarin	G.	G, B, F, So	St VI-VII	V-VI	Gewürz für Fleisch, Saucen	im Haus überwintern
Salbei	St.	G, B, So	A/T IV-V	VI-VIII	Tee, Gewürz für Fleisch	nicht für Schwangere
Schnittlauch	St.	G, B, F, So	A/T III-IV	VI-VII	Salate, Saucen, Suppen	ganzjährig im Topf
Thymian	G.	G, B, F, So	A/T IV-V	V-VI	Gewürz, Suppen, Fleisch	Duft vertreibt Motten
Zitronenmelisse	St.	G, B, So-Hs	A/T IV-V	VII-VIII	Tee, Salate, Saucen, Fisch	auch für Kräuterkissen

DUFTPFLANZEN

Name	Lebens-form	Standort	Anzucht	Blüte-zeit	Verwendung, Wirkung	Besonderheiten
Duftpelargonie	St.	B, F, So	St VIII	V-X	Süßspeisen, Salate	im Haus überwintern
Duftwicke	einj.	G, B, So	A IV-V	VI-IX	als Sichtschutz	braucht Klettergerüst
Lavendel	St.	G, B, So	St. VI	VII-VII	Süßspeisen, Essig	beruhigt als Badezuatz
Muskatellersalbei	zweij.	G, B, So	A IV-V	VI-VII	Tee, Blüten zu Salaten	nicht für Schwangere
Nachtkerze	zweij.	G, B, So-Hs	A IV-V	VI-IX	Tee, Öl für Hautpflege	Blütenuhr, Nachtdufter
Rosen	G.	G, B, F, So	St. VI	VI-X	Süßspeisen, Kosmetik	duftende Sorten wählen
Schlüsselblume	St.	G, B, So-Hs	A/T VIII	IV-V	Tee, Blüten für Salate	nicht für Schwangere
Veilchen	St.	G, B, So-Hs	A IV-V	III-IV	Süßspeisen, Tee	nur in kleinen Mengen

43

MIT KRÄUTERN

Die kraftvollsten Wohlfühl-Kräuter im Porträt

Hier finden Sie die 12 wichtigsten Kräuter zum Wohlfühlen in der Reihenfolge ihrer Bedeutung aufgeführt! Alle Arten außer Königskerze, Sonnenblume und Rosmarin (→ Seite 50f.) sind ausdauernd und winterhart. Der kleine Steckbrief enthält Hinweise zu ihrer Kultur. Darauf folgen viele für Sie vermutlich neue Informationen über Eigenschaften und Verwendung.

Die Wegwarte

KLEINER STECKBRIEF
Sie liebt einen sonnigen Platz und gut entwässerten Boden. Wo es ihr gefällt, kann sie auch bis zu einem Meter hoch werden. Mit ihren himmelblauen Blüten begrüßt sie zur Sommerszeit die Sonne und folgt mit ihrem Köpfchen dem Sonnenlauf. Mit unermüdlicher Kraft bringt sie jeden Morgen neue Blüten aus ihren unzähligen, fast dürr erscheinenden Stängeln hervor.

EIGENSCHAFTEN UND VERWENDUNG
"Die Wegwarte wartet wirklich an jedem Weg auf Dich, um Dich gesund zu machen", sagte einst Pfarrer Kneipp. Die Pflanze ist von großer Ausdauer und diese unendliche Zähigkeit vermittelt sie auch demjenigen, der sie betrachtet und sich einen Tee aus ihr zubereitet. Ihre Sicherheit überträgt sich auf ihn und schärft den Blick für das Wesentliche. Eine Bachblüten-Essenz hilft, die Kraft der Liebe in sich selbst zu erkennen und bedingungslos zu verschenken. Auf der körperlichen Ebene hilft der Tee bei Leber- und Gallenschwäche. Er stärkt die Milz und damit auch das Immunsystem. Im Frühjahr können Sie Kraut und Wurzeln von Löwenzahn und Wegwarte gut zu einem belebenden Blutreinigungs-Tee kombinieren. Wenn Sie einige Pfefferminzblätter dazumischen, erhalten Sie einen echten Wellness-Tee für Ihre inneren Organe. Die Wegwarte ist eine Saturn-Pflanze, deren Wirkung sich besonders gut Samstags entfaltet (→ Seite 17).

Die Gundelrebe

KLEINER STECKBRIEF
Sie liebt einen mittelfeuchten Boden, gedeiht in der Sonne wie im Schatten, wird bis 20 Zentimeter hoch und ist ein guter Bodendecker – aber Vorsicht, sie kann kleinere Pflanzen überwuchern! Es ist ein erfreulicher Anblick, wenn von April bis Juni ihre blauen Blütenstände wie kleine Männchen aus dem Gras herausragen. Deswegen heißt sie auch „Gundermann" oder „Guck durch den Zaun".

EIGENSCHAFTEN UND VERWENDUNG
Die Gundelrebe zählt zu den Kräutern der Walpurgisnacht (→ Seite 24). War die Gundelrebe früher eine beliebte Heilpflanze, so schätzt man heute eher

44

WOHLFÜHL-KRÄUTER IM PORTRÄT

Die Wegwarte ist wie eine verzaubernde Prinzessin, die hilft, die Kraft der Liebe zu erkennen.

ihren Geschmack: Sie sollten Stängel und Blättchen pflücken und in Ihren Frühjahrs-Salat schneiden – aber nur bis Mai, denn dann werden sie für den Frischverzehr zu bitter. Den unverkennbar belebenden Geschmack werden Sie nicht vergessen und nie verwechseln! Auch auf einer Frühlings-Pizza, in Saucen, Suppen, Kräuterbroten oder Quarkspeisen sorgt die Gundelrebe für einen frischen Geschmack, der die Lebensgeister weckt. Ein Tee aus getrocknetem Gundermann-Kraut und Wegwarten-Wurzel schwemmt Schwermetalle aus dem Körper. Wenn Sie einen Frühlings-Tee mit frischen Gundermann-Blättern und –Blüten genießen, werden Sie nicht nur die blutreinigende Kraft spüren, sondern auch eine innere Kräftigung erfahren: Vielleicht bemerken Sie, dass sich Ihre Wirbelsäule aufrichtet und Sie mit dieser Rückenstärkung die nächsten Schritte Ihrer Handlungen klarer planen und umsetzen können? Ausprobieren – nichts zählt mehr, als die eigene Erfahrung!

Gärtnern MIT KRÄUTERN

Der Beifuß

KLEINER STECKBRIEF

Er ist sehr anspruchslos und wächst auf fast jedem Boden in der Sonne und im Halbschatten. Seine Heimat liegt in den Steppen Südosteuropas. Dank seiner derben, auf der Unterseite weißfilzigen Blätter wird er selbst Sommertrockenheit gut überstehen und er gedeiht noch in verwilderten Gartenecken. Er kann bis zu zwei Meter hoch werden und bildet im Sommer unscheinbare gelblich braune Korbblüten.

EIGENSCHAFTEN UND VERWENDUNG

Beim Tanz um das Sonnwendfeuer (→ Seite 24) wird Beifuß Ihre Kraft verdoppeln und Sie für ein Jahr lang mit Gesundheit und Schönheit ausstatten. Durch all die Jahrhunderte hindurch schätzten die Frauen seine beruhigende und stärkende Wirkung bei allen „Frauenproblemen" von der Menstruation bis zum Wochenbett. Von Schwangeren und Stillenden sollte der Beifuß aber nicht innerlich angewendet werden! In der Küche wird seine verdauungsfördernde Wirkung nicht nur bei der Martinsgans genutzt, sondern auch bei fetten Fischen wie Aal und Karpfen. Die Wirkung eines „blonden" Beifußtees auf Psyche und Gemüt führt zur inneren Gelassenheit. Er stärkt das Vertrauen in die eigene, urweibliche Intuition. Mond und Venus sind in dieser Pflanze vereint – also können Sie sogar montags und freitags die besondere Wirkung dieses Tees erfahren!

Die Gemeine Schafgarbe

KLEINER STECKBRIEF

Die Art liebt einen mittelfeuchten Boden in voller Sonne, gedeiht aber noch im Schatten. Sie wird bis zu 50 cm hoch und lässt im Sommer ihre cremeweißen bis zartrosa Blüten erstrahlen.

EIGENSCHAFTEN UND VERWENDUNG

Sie ist eine echte Powerpflanze unter den Heilkräutern! Ihre fein ziselierten Blätter dürfen im Frühjahr in der „Grünen Neune" nicht fehlen, jener Kraftmischung aus den ersten grünen Kräutern, mit der man nicht nur am Gründonnerstag die Frühjahrsmüdigkeit vertreiben kann. Sie regen durch ihre Bitterstoffe den gesamten Stoffwechsel an, das ätherische Öl entfaltet bei Entzündungen heilende Kräfte. Deswegen darf sie auch am 15. August im Kräuterbüschel (→ Seite 26) nicht fehlen, in dem der Heilkräuter-Vorrat für ein ganzes Jahr gebündelt wird. Sie hilft bei allen Problemen: von der Schrunde auf der Haut bis zum Bauchweh. Als warmer Leberwickel kann sie die Entgiftung unterstützen und bei schmerzhafter Menstruation lindert sie die Krämpfe. Sie durchwärmt bei Verspannungen, Kälte und Stress. Und bei Wetterfühligkeit schirmt sie ab gegen die Schmerzen verursachenden Vorahnungen, die einen Wetterbericht ersetzen könnten. Die Schafgarbe hat auch auf die Psyche eine sehr ausgleichende Wirkung. Der „blonde Tee" hilft, zu den eigenen Gefühlen zu stehen und sie auszudrücken. Alte emotionale Wunden werden

WOHLFÜHL-KRÄUTER IM PORTRÄT

bewusst und können heilen. Wenn Sie den Schafgarben-Tee vor einer Meditation trinken, werden Sie den Mut zu Ihrer eigenen Kreativität wiederfinden. Außerdem schirmt so ein dünner Tee oder auch eine Schafgarben-Essenz (Zubereitung → Seite 58) ab gegen eine Beeinflussung von außen und versöhnt mit der weiblichen Seite des Lebens. Trinken Sie aber nicht ständig nur diesen Tee, sondern wechseln Sie mit anderen Pflanzen ab. Denn bei längerer Anwendung kann Schafgarbe zu Allergien und Sonnen-Empfindlichkeit der Haut führen.

Die weiß blühende Gemeine Schafgarbe – eine heilende Alleskönnerin.

Das Gänseblümchen

KLEINER STECKBRIEF

Das Gänseblümchen ist der fröhlichste Frühlingskünder auf der Wiese. Es liebt einen durchlässigen Boden in Sonne oder Halbschatten, wird bis zu zehn Zentimeter hoch und bildet unermüdlich vom zeitigen Frühjahr bis zum späten Herbst seine rosa-weißen Strahlenblüten aus. Wenn Sie der Pflanze keine Samen ansetzen lassen – indem Sie zum Beispiel die Blüten ernten – wird sie besonders üppig blühen.

EIGENSCHAFTEN UND VERWENDUNG

Das Gänseblümchen hilft, nach einer Erkältung wieder auf die Beine zu kommen: Trinken Sie Gänseblümchen-Tee oder streuen Sie Knospen und Blüten aufs Butterbrot! Allergisch veranlagte Menschen sollten allerdings hier vorsichtig sein, weil das Gänseblümchen Allergien hervorrufen kann. Im Frühjahr gehört das Gänseblümchen zu den blutreinigenden Pflanzen, deren Blätter, Knospen und Blüten jeden Salat oder Kräuterquark zieren können. Es belebt auch Ihre Frühlings-Gefühle, wenn Sie an einem sonnigen April-Wochenende einen Kranz aus Gänseblümchen flechten und sich oder Ihren Kindern aufs Haar setzen. Oder Sie probieren es noch einmal: „Er liebt mich, er liebt mich nicht, er liebt mich …" Gänseblümchen reinigen, erfrischen und straffen den Teint auf sanfte Weise. Der „blonde Tee" stärkt Sie in Ihrem Selbstbewusstsein und bringt Lebensfreude.

Gärtnern MIT KRÄUTERN

Die Brennnessel

KLEINER STECKBRIEF

Die Pflanze liebt feuchte, stickstoffreiche Böden in Sonne oder Halbschatten. Sie kann bis zu zwei Meter hoch werden und bildet im Spätsommer graugrüne Blütentrauben aus. Übrigens: Wenn Sie zweimal im Jahr zarte Brennnessel-Blätter ernten wollen, dann schneiden Sie die Pflanzen im Sommer bis auf den Boden zurück. Sie treiben dann noch einmal aus und wuchern nicht so sehr! Sie können ein „Ausufern" der Pflanzen auch verhindern, indem Sie zur Ruhezeit im zeitigen Frühjahr einen Teil der unterirdischen Triebe herausnehmen.

EIGENSCHAFTEN UND VERWENDUNG

Wahrscheinlich wäre die Brennnessel schon längst ausgerottet, wenn mehr Menschen um ihre vielen guten Eigenschaften wüssten! Auf alle Fälle lohnt es sich, auch die Brennnessel für die „Grüne Neune" zu pflücken. Sie enthält nicht nur viele Mineralsalze, Eisen und Chlorophyll, sondern auch Vitamin C und stärkende Eiweiße. Ziehen Sie bei der Ernte der jungen Blätter schützende Handschuhe an. Ältere Blätter hingegen eignen sich für Gerichte nicht mehr, weil sie durch ihren Gehalt an Kieselsäure selbst nach dem Kochen noch eine grobkörnige Struktur behalten – man kann sie aber für Tee trocknen. In den Blättern spiegelt sich strahlendes, lichtvolles, brennnesselgrünes Sonnenlicht in unendlich vielen Nuancen. Es ist dieses Grün, dass durch seinen hohen Eisengehalt Leben, Vitalität und Gesundheit in Ihr rotes Blut bringt (und das oft besser ist als jede Tablette!). Durch seinen Gehalt an Kieselsäure stärkt es Haut und Schleimhäute und lässt Haare glänzen (→ Seite 68). Brennnessel-Tee ist übrigens auch gut für stressgeplagte Managerinnen, die sich nicht akzeptiert fühlen. Er

Die Brennnessel aktiviert schlafende Energien. Auch Tagpfauenaugen besuchen gerne ihre Blätter.

WOHLFÜHL-KRÄUTER IM PORTRÄT

weckt den Kampfgeist, ruft die Willenskraft wach und aktiviert die Selbstbehauptung. Bei Diskussionen sorgt er für Geistesgegenwart und aktiviert schlafende Energien. Sie werden sich über sich selbst wundern, wenn Sie sich mit der Brennnessel verbünden: Sie spüren neue Kraft und Zähigkeit in sich, mit der Sie sich selbst, Ihren Lebens- oder Arbeitsbereich verteidigen – eine echte Marspflanze.

Der Salbei

KLEINER STECKBRIEF

Salbei gedeiht auf trockenen, tiefgründigen Böden in Sonne und Halbschatten. Er ist bei uns meist winterhart, nur in ganz rauen Gegenden braucht er eine Abdeckung mit Reisig. Wenn Sie ihn im Frühjahr etwas zurückschneiden, treibt er wieder kräftig durch. Der Busch wird bis 70 Zentimeter hoch und von Juni bis August erscheinen seine violettblauen, bienenumschwärmten Blüten.

EIGENSCHAFTEN UND VERWENDUNG

"Wenn ein Salbei-Busch im Garten gut gedeiht, hat die Frau im Haus das Sagen" – so lautet ein englisches Sprichwort. Frauen schätzen den Salbei für alle Bereiche des Lebens, das beginnt schon beim Würzen in der Küche und endet in einer guten Verdauung. Diese wiederum gewährleistet ein funktionierendes Lymphsystem und damit auch einen Schutz vor Ansteckungen. Gekaute Salbeiblätter

sorgen für eine gesunde Mundflora, für reinen Atem, eine wohltönende Stimme und ersetzen jedes Mundwasser. Bei Erkältungen reinigt die Inhalation von Salbei-Dämpfen die Nebenhöhlen und Atemwege, denn das ätherische Öl entfaltet bakterientötende Wirkung. Wenn Sie zu viel schwitzen oder vor wichtigen Ereignissen feuchte Hände bekommen, trinken Sie regelmäßig Salbei-Tee und machen Sie 2-3 mal pro Woche Handbäder darin. Salbei reduziert die Tätigkeit der Schweißdrüsen, das gilt übrigens auch für die an den Füßen. Frauen schätzen den Salbei-Tee wegen eines östrogenartigen Inhaltsstoffes, der unregelmäßige und schmerzhafte Menstruationen erleichtert und auch die Begleiterscheinungen der Wechseljahre angenehmer macht. Neuesten Untersuchungen zufolge ist Salbei auch ein Radikalfänger, der die Fließeigenschaften des Blutes verbessert, Herz- und Kreislauferkrankungen vorbeugt und dadurch wirklich lebensverlängernd wirkt! Auch der „blonde Tee" (→ Seite 65) schirmt ab gegen schwächende Einflüsse – egal, ob von Menschen, Gefühlen, Ideen oder auch von Erdstrahlen. Er hebt Sie ein bisschen heraus aus den Ereignissen des Alltags und ermöglicht Ihnen eine Beobachter-Position. Aus dieser neuen Perspektive sehen Sie die Dinge mit anderen Augen, gelangen zu „weisen" Einsichten und finden Ihre innere „Seelenruhe". Besonders gut können Sie solchen Gedanken an Halloween (→ Seite 28) nachhängen, während Sie getrocknete Salbeiblätter in einer Schale verräuchern.

MIT KRÄUTERN

Die Königskerze

KLEINER STECKBRIEF

Die Königskerze ist die einzige zweijährige Pflanze in dieser Gruppe, sät sich im Garten aber meist von selbst wieder aus. Sie stellt keine hohen Ansprüche an den Boden, liebt Trockenheit, Sonne und Wärme. Sie wird im zweiten Jahr bis zu zwei Meter hoch und bildet von Juli bis August ihre gelben Blütenähren mit vielen Einzelblüten aus.

EIGENSCHAFTEN UND VERWENDUNG

Selbst an der Autobahn sind viele Königskerzen zu finden, Fahrtwind und Abgase scheinen ihnen nichts auszumachen. Vielleicht trainieren sie gerade den Umgang mit Umweltgiften! Und sie sind bereit, diesen Schutz an uns Menschen weiterzugeben: Ein Tee aus den Blüten der Königskerze (die Sie aber besser nicht neben der Autobahn sammeln!) schützt die Schleimhäute von Augen, Nase oder Lunge vor Schadstoffen in der Atemluft. Das kann draußen ein hoher Ozongehalt an schönen Sommertagen sein und drinnen trockene Heizungs- oder rauchgeschwängerte Lokalluft. Auch bei geröteten Augen nach Mammutsitzungen vor dem Computer sorgen Kompressen oder Augenbäder mit einem kalten Aufguss aus Königskerzen-Blüten für Erleichterung. Nicht nur das – im Herbst oder Winter schützen diese zarten gelben Blüten das Immunsystem vor Ansteckung bei der nächsten Grippewelle. So aufrecht wie sie wächst, so bringt sie auch in jeden, der den wahrhaft blonden Tee trinkt, Aufrichtigkeit und Klarheit. Die Lebensenergie steigt, der eigene Lebensweg wird klarer und die Kommunikation leichter.

Die Sonnenblume

KLEINER STECKBRIEF

Die Art ist einjährig, liebt einen gut entwässerten Boden und viel Sonne. Sie erreicht in dieser kurzen Zeit bis drei Meter Höhe und bildet im Sommer gelbe Blüten mit bis zu 30 Zentimeter Durchmesser aus, in deren Zentrum die Samen reifen.

EIGENSCHAFTEN UND VERWENDUNG

Wenn Sie die Sonnenblume in Ihr Jahresrad im Garten pflanzen, werden Sie das Muster bewundern können, in dem die Kerne im Inneren der Blüte wachsen. Es ist ein natürliches Mandala, mit dem Sie meditieren können und Einsichten über den Lauf des Lebens erhalten. Bis zu 1000 Kerne können aus einer Blüte entstehen. Kein Wunder, dass sie ein Symbol der Fruchtbarkeit war! Sind Sie schon mal auf die Idee gekommen, sich aus den gelben Blütenblättern der Sonnenblume einen „blonden" Tee zu bereiten? Er ist nicht nur leuchtend gelb, sondern schmeckt auch noch gut. Außerdem hilft er, wenn eine Auseinandersetzung mit Autoritäten (meistens männliche, wie Väter, Vorgesetzte, Lehrer…) am Selbstbewusstsein nagt. Der Tee ist auch für werdende Väter gut geeignet, die sich mit der neuen Rolle auseinandersetzen.

WOHLFÜHL-KRÄUTER IM PORTRÄT

Der Rosmarin

KLEINER STECKBRIEF

Er ist ein immergrüner, frostempfindlicher Strauch, der bei uns im Haus überwintert werden muss. Rosmarin liebt gut entwässerte Böden, viel Wärme und Sonne. Er stammt aus dem Mittelmeerraum und sein Name kommt vom lateinischen „ros marinus" für Meertau. Seine blassen Blüten gleichen nämlich von der Ferne betrachtet Tautropfen. Er lässt sich besonders gut im Sommer durch etwa zehn Zentimeter lange Stecklinge vermehren und kann ein Meter Höhe erreichen. Von Mai bis Juni erscheinen in Büscheln seine hellblauen Lippenblüten.

EIGENSCHAFTEN UND VERWENDUNG

Rosmarin ist ein wahrer Jungbrunnen, ein Lebenselixier in allen Situationen! Sie können es spüren, egal ob Sie Rosmarin-Kartoffeln essen, statt an Kaffee sich mit Rosmarin-Tee erquicken, einen Rosmarinzweig unter Ihr Kopfkissen legen oder seine getrockneten Nadeln verräuchern. Rosmarin lässt nicht nur die Haare auf Ihrem Kopf voller und glänzender wachsen, er bringt auch Klarheit in Ihre Gehirnwindungen – geistige Beweglichkeit und ein besseres Gedächtnis sind die Folgen. Probieren Sie es doch aus: Legen Sie neben Ihren Computer – oder Ihr Lehrbuch – einen frischen Rosmarinzweig, saugen den Duft ein und kauen ab und zu an einer grünen Rosmarinnadel! Nicht nur Insekten werden verscheucht, sondern auch Gedanken, die Ihre Konzentration stören. Rosmarin nimmt außerdem die stressgeladene Anspannung, stärkt das Herz, entlastet Leber und Galle, denn aufgestauter Zorn lässt sie nicht mehr überlaufen. Sie fühlen dieses „I am what I am" in sich wachsen und entdecken die Kräfte des Rosmarins in sich und Ihrem Leben!

Rosmarin weckt das Feuer der Begeisterung und fördert die Konzentration.

Gärtnern MIT KRÄUTERN

Der Frauenmantel

KLEINER STECKBRIEF

Er kommt mit jedem Gartenboden zurecht und wächst in Sonne und Halbschatten. Die Pflanze wird 20-50 Zentimeter hoch und bildet von Mai bis August ihre gelbgrünen Blütenstände aus.

EIGENSCHAFTEN UND VERWENDUNG

Bereiten Sie aus der Wildform Tee, beobachten Sie die Pflanze, streichen Sie den Tautropfen, der sich morgens am Grunde des Blattes sammelt, auf Ihre Stirn und folgen Sie Ihren Eindrücken! Fühlen Sie sich nun geborgen in sich selbst und geben Sie sich dem wunderbaren Gefühl hin, eingebettet zu sein in das weibliche Wissen der Jahrtausende? Dann machen Sie am besten gleich eine vierwöchige Frauenmantel-Kur und tanken liebevolle Akzeptanz für alles in sich selbst und um Sie herum! Und: Sie werden immer mehr wahrnehmen, wie aus Ihrer eigenen Kreativität heraus an jedem Tag neue Ideen, Gefühle und Möglichkeiten geboren werden, wachsen, reifen, Früchte tragen und Neuem Platz machen – und das alles in Ihrem eigenen Rhythmus, der Ihr ganzes Leben bestimmt!

Der Löwenzahn

KLEINER STECKBRIEF

Er ist einer der häufigsten Pflanzen auf bewirtschafteten Wiesen, liebt leicht feuchte Böden und Sonne. Seine gelben Korbblüten erscheinen von Mai bis Juli. Wenn Sie die Samen nicht ausreifen lassen, wird er sich auch nicht selbst aussäen. Es gibt auch Kultursorten für das Salatbeet mit besonders kräftigen Blättern.

EIGENSCHAFTEN UND VERWENDUNG

Seinen Namen verdankt er den spitz gezähnten Blättern, die an ein Raubtiergebiss erinnern, auch die Löwenmähne der Blüte ist nicht zu übersehen. Er ist unverwüstlich, treibt aus jedem Wurzelstückchen neu aus, durchbricht Asphalt oder wächst in Pflasterritzen! Diese Lebenskraft bringt er auch in Ihren Verdauungstrakt und räumt dort kräftig auf, egal ob als Gemüse, Salatkraut oder Tee. Ein „blonder" Löwenzahntee ist das ideale Getränk für „Macher", die ihr Leben und ihre Zeit so verplanen, dass sie gar nicht mehr wissen, was Ruhe und Abschalten ist. Der Löwenzahn-Tee breitet sich auf so wohlige Art im Körper aus, dass Entspannung sich von ganz alleine einstellt – nicht nur bei verkrampften oder ständig angespannten Muskeln, sondern auch im ganzen Menschen. Emotionale Knoten werden sich lösen. Sie beginnen, die Dinge zu sehen wie sie sind, besinnen sich auf ihre eigenen Stärken und sagen mit steigender Begeisterung „Ja" zu sich selbst und zum Leben. Sie spüren diese Vitalität des Löwenzahns, mit der er voller Lebensfreude starre Verkrustungen durchbricht, in sich selbst. Wenn Sie neugierig auf eine innere Begegnung mit dem Löwenzahn sind, lassen Sie sich auf die folgende Meditation ein.

WOHLFÜHL-KRÄUTER IM PORTRÄT

Löwenzahn weckt die Vitalität und Lebensfreude.

Eine Löwenzahn-Meditation

Setzen Sie sich entweder vor den Löwenzahn aus Ihrem Jahreszeitentopf oder an einem schönen Frühlingstag mitten in eine Löwenzahnwiese. Betrachten Sie den Löwenzahn zunächst voller Neugierde, mit den Augen eines kleinen Kindes, das alles wissen will. Beachten Sie auch die Umgebung, das Gras, die Erde, das Blau des Himmels, den Sonnenschein, spüren den Wind in ihren Haaren … Wie würden Sie sich als Löwenzahn hier fühlen? Schließen Sie die Augen und folgen Ihren inneren Eindrücken oder Bildern. Und wie in einem Kinderfilm vernehmen Sie immer deutlicher eine Stimme, die Ihnen etwas erzählt. Es ist der Löwenzahn, der über sich selbst spricht:

„Neben meinen uralten Heilkräften, die Du aus meinen Wurzeln, Stängeln, Blättern und Blüten gewinnst, trage ich noch eine weitere Weisheit in mir. Sieh, ich bin frei, ich habe keinen festen Platz in einem Kräutergarten, ich lebe dort, wo der Wind mich hinträgt. Graue Mauern und dunkle Ecken lasse ich erblühen, geteerte Wege durchbreche ich, hoch oben, fernab der Erde, auf dem Dach eines Hochhauses, schlage ich Wurzeln und auch tief unten im Graben. Ich säume den Rand der Wege, ich verwandle Wiesen in ein gelbes Sternenmeer. So ist mein Leben voller Leben und Einsamkeit, voller Härte und Weichheit, voller Licht und voller Dunkelheit, voller Enge und Weite, voller Geschrei und voller Stille, so werde ich gehasst und geliebt, beachtet und nicht beachtet, so bin ich hässlich in manchen Augen und wunderschön, bin stark wie ein Löwe oder schwach und zart, so dass der Wind mich leicht an einen anderen Ort tragen kann und ein neuer Prozess, ein neues Leben entstehen kann. Nie sterbe ich, ich verwandle mich nur. Verstehst du meine Botschaft? Geh' wohin der Wind dich trägt, wurzle dort, wo immer das Leben dich hinträgt."

Mit dieser Weisheit verabschiedet sich der sprechende Löwenzahn und Sie können, sobald Sie wollen, Ihre Augen wieder öffnen. Achten Sie auf die wohl tuenden Veränderungen in Ihrer Wahrnehmung! Eine CD-Empfehlung mit weiteren Meditationen finden Sie auf Seite 78.

Kräuterrezepte ZUM AUFLEBEN

WENN FRAUEN ROSEN FÜR IHR GESICHT,
MÖHREN FÜR IHREN MAGEN UND EFEU FÜR
IHREN KÖRPER VERWENDEN WÜRDEN, DANN
WÄREN SIE VON DER WAHREN SCHÖNHEIT
VIELLEICHT GAR NICHT SO WEIT ENTFERNT.

Maurice Mességué

ZUM AUFLEBEN

Die Kräuter-Energien bewahren: richtig sammeln und konservieren

Wollen Sie Wildkräuter in freier Natur sammeln? Dann suchen Sie sich einen Platz, wo diese zahlreich vorkommen, gesund und unbelastet aussehen – und lassen Sie immer einen Teil der Pflanzen stehen! Ob Sie draußen oder im eigenen Garten sammeln – wichtig ist immer die innere Einstellung bei der Ernte: Wenn Sie den Pflanzen erzählen, wozu sie verwendet werden sollen, so entfalten sie auf diesem Gebiet ihre Wirkung besonders gut – ausprobieren, es klappt wirklich! Sie können auch – wie die Indianer – ein kleines Geschenk als Dankeschön zurücklassen. Wenn Sie nichts dergleichen dabei haben, tut es auch ein innerer Gruß oder ein gehauchter Kuss.

RICHTIG ERNTEN

Der optimale Zeitpunkt für die Ernte ist ein sonniger Vormittag, wenn der Morgentau abgetrocknet, aber die Mittagshitze noch nicht zu stark ist. Die meisten Blatt-Kräuter werden vor der Blüte geerntet, die essbaren Blüten, wenn sie sich gerade entfalten. Triebe von Stauden wie Melisse, Minze und Estragon können bodennah abgeschnitten werden, sie treiben von unten wieder aus und wuchern dann nicht so. Bei kleinen Gehölzen wie Rosmarin, Thymian und Salbei ernten Sie besser nur die Triebspitzen, weil sie dann buschiger wachsen. Wurzeln werden am besten zur Ruhezeit im Herbst oder Frühjahr ausgegraben, weil sie dann sehr viele Inhaltsstoffe haben.

TROCKNEN

Bündeln Sie die Stiele von ganzen Trieben und hängen Sie sie kopfüber an einem warmen und luftigen Platz auf. Blätter und Blüten können Sie auch auf Papier ausbreiten. Beim Trocknen im Backofen ist es wichtig, dass nie mehr als 35 °C erreicht werden, weil sich sonst die Inhaltsstoffe verflüchtigen. Wurzeln werden von der Erde befreit, gewaschen, mit einem scharfen Messer in kleine Teile zerschnitten und in der Nähe der Heizung getrocknet. Sie sollten öfter gewendet werden, damit sich kein Schimmel bildet.

EINFRIEREN

Alle Kräuter können gut eingefroren werden, besonders empfiehlt sich dies bei Arten wie Basilikum, die beim Trocknen ihr Aroma verlieren. Streifen Sie die Blätter von den Stängeln und schichten Sie sie in eine wieder verschließbare Gefrierdose. Bei Bedarf holen Sie die gefrorenen Kräuter in kleinen Portionen heraus. Oder füllen Sie gehackte Kräuter in Eiswürfelformen, gießen Sie wenig Wasser darüber und frieren Sie sie ein. Die erstarrten Würfel werden herausgelöst, in Plastikbeutel gepackt, mit einem Etikett versehen und wieder eingefroren. Für Suppen oder Soßen können Sie diese Kräuterwürfel gut verwenden. Denken Sie dabei auch an heiße Sommertage und sorgen Sie für eine „blumig-würzige" Kühlung Ihrer Getränke vor: Frieren Sie bunte essbare Blüten oder/und ein-

KRÄUTER SAMMELN UND KONSERVIEREN

zelne Kräuterzweige in Eiswürfel ein. Ringelblume, Boretschblüten oder Pfefferminzblätter sind dafür gut geeignet.

AUFBEWAHREN

Sind die Kräuter, Blüten oder Wurzeln „rascheltrocken" geworden, ist es Zeit, sie in ein lichtdichtes, verschließbares Aufbewahrungsgefäß zu geben. Geeignet sind braun oder blau getönte Gläser und Dosen aus Porzellan oder Kunststoff. Vergessen Sie nicht, Datum und Inhalt außen zu vermerken. Heben Sie die Kräuter möglichst nicht länger als ein Jahr auf, also nur von einer Ernte zur nächsten. Sie verlieren nämlich nach dieser Zeit viel an Geschmack und Wirkung.

KONSERVIEREN

Sie können frische Kräuter auch in Öl konservieren oder alkoholische Auszüge herstellen:
● Kräuter-Öl-Pasten: Auf 100 g frisches Kraut kommen 10 g Salz. Schneiden Sie die Blätter klein und schichten Sie sie abwechselnd mit dem Salz in ein Schraubdeckelglas. Füllen Sie mit soviel Öl Ihrer Wahl auf, bis die Kräuter ganz bedeckt sind. Gut verschlossen hält sich diese Paste bis zu einem Jahr. Sie schmeckt gut in Nudel- oder Reisgerichten, Suppen, Salaten und Soßen.
● Tinkturen oder alkoholische Auszüge: Nehmen Sie etwa 200 g frische Kräuter auf 400 ml Alkohol (42%) wie Doppelkorn. Diesen Ansatz stellen Sie mindestens 2 Wochen lang auf die Fensterbank und schütteln ihn täglich auf. Dann wird die Flüssigkeit durch ein Mulltuch oder einen Kaffeefilter abgegossen. Von getrockneten Pflanzenteilen nehmen Sie die halbe Menge. Die fertige Tinktur hält sich in einer dunklen Flasche etwa 2-3 Jahre. Sie können diese Tinktur später tropfenweise pur einnehmen oder mit Wasser, Tee oder Fruchtsaft Ihrer Wahl verdünnen.

Ernten nach dem Mondkalender

Die besten Termine für das Sammeln von Pflanzenteilen bestimmt auch der Stand des Mondes (weiterführende Literatur → Seite 78):

Blätter	Morgens, wenn der Mond zunimmt und in einem Wasserzeichen (Krebs, Skorpion, Fische) steht
Wurzeln	Abends zur Ruhezeit, wenn der Mond abnimmt und in einem Erdzeichen (Jungfrau, Steinbock, Stier) steht
Früchte Samen	Ganztags, wenn der Mond in einem Feuerzeichen (Widder, Löwe, Schütze) steht
Blüten	Vormittags bei trockenem Wetter, wenn der Mond in einem Luftzeichen (Zwillinge, Waage, Wassermann) steht

Blüten-Essenzen herstellen

Wie erschließen Sie sich die Ausstrahlung einer Rose oder eines Veilchens? Unbewusst haben Sie es schon oft gemacht: Sie halten die Blüte in der Hand und öffnen Ihre Sinne, berauschen sich an Farbe und Duft. So ähnlich mag es Edward Bach ergangen sein, als er in den Dreißiger Jahren des letzten Jahrhunderts die nach ihm benannten Bachblüten-Essenzen entwickelte. Er erkannte, dass wahre Heilung eines Menschen aus der Harmonie von Seele und Körper erwächst. Bach wollte dem leidenden Menschen in seiner „Gemütslage" helfen, nicht die Krankheit „beseitigen". Er wollte, dass die Menschen mit Hilfe seiner Essenzen ihre eigene Lösung fänden. Wenn Sie eintauchen möchten in diese sanft heilende Welt der Pflanzen, besteht der erste Schritt darin, eine Blütenart zu wählen, von der Sie sich besonders angezogen fühlen. Aus ihr sollten Sie eine Essenz herstellen, die das Wesentliche, den Geist dieser Pflanze enthält:

BACHBLÜTEN-ESSENZEN HERSTELLEN

Alles, was Sie zunächst benötigen, sind blühende Pflanzen, Sonnenschein, klares Quellwasser und eine kleine, schlichte Glasschale. Später brauchen Sie noch einen kleinen Glastrichter und 5 Pipettenflaschen mit je 20 ml Inhalt aus der Apotheke. Reinigen Sie alles vorher gründlich mit klarem Wasser und stellen Sie es zum Trocknen in die Sonne. Suchen Sie einen Platz, an dem genügend gesunde und kräftig blühende Pflanzen Ihrer Wahl wachsen.

Hier gießen Sie etwa 50 ml Wasser in die Glasschale und stellen sie neben oder zwischen die auserwählten Blüten. Setzen Sie sich dazu, lassen Sie Ruhe in Körper und Gedanken einkehren und stimmen Sie sich auf die Pflanze ein. Um die Blüten zu pflücken, verwenden Sie als „Handschuh" ein zwischen Daumen und Zeigefinger gelegtes Blatt der Pflanze. Geben Sie nun eine Blüte nach der anderen auf die Wasseroberfläche, bis diese vollständig bedeckt ist. Wenn möglich, sollte die Schale mindestens drei Stunden in dieser schönen Umgebung in der Sonne stehen bleiben. Es ist das Sonnenlicht, dass jetzt die Botschaften der Blüten auf das Wasser überträgt. Zwischendrin füllen Sie die Pipettenflaschen zur Hälfte mit etwa 40%igem Weinbrand. Er dient der besseren Haltbarkeit Ihrer „stock bottles", so heißen diese Vorratsflaschen. Wieder mit Hilfe von Blättern oder Stängeln der Blütenpflanze entfernen Sie die Blüten von der Wasseroberfläche und verteilen Sie die Essenz – mit Hilfe des kleinen Glastrichters – in die Vorratsfläschchen. Nach dem Verschließen werden sie mindestens zehnmal kräftig geschüttelt und dann mit einem selbst gemalten Etikett verschönert. Sie haben damit nicht nur Ihren eigenen Vorrat angelegt, sondern auch gleich ein Geschenk für eine liebe Freundin. Diese Blüten-Essenz aus eigener Produktion sollte Sie eine Weile begleiten. Drei- bis viermal täglich nehmen Sie einen Tropfen daraus direkt auf die Zunge und spüren der Wirkung nach. Oder Sie geben einige Tropfen in ein Glas Wasser, das Sie über den Tag verteilt schluckweise trinken.

BLÜTEN-ESSENZEN

Auch aus Rosenblütenblättern können Sie Blüten-Essenzen herstellen.

ZUM AUFLEBEN

Kräuter-Elixiere mit Wein, Essig, Öl & Co.

Kräuter harmonieren wunderbar mit Wein, Sekt, höherprozentigem Alkohol, Essig, Öl, Honig, Obst- oder Gemüsesäften. Hier finden Sie eine Fülle von Anregungen für Feste mit Freunden und auch für einen aroma-beschwingten Alltag:

BELEBENDER FRÜHLINGSWEIN

Sie brauchen für 1 Flasche:

0,75 l trockener Weißwein

je 1 Handvoll Schlüsselblumenblüten, Waldmeisterkraut, Rosenblütenblätter und Lindenblüten

Die sauberen Kräuter werden in einer Schüssel mit dem Weißwein übergossen, gut abgedeckt und 3-4 Stunden zum Durchziehen beiseite gestellt. Danach wird abgesiebt und probiert. Nicht für Schwangere!

Ein richtiges Fest holt den Himmel auf die Erde.

Volksweisheit

LÖWENZAHNSEKT

Sie brauchen für 1 Glas:

1 Fingerhut voll Löwenzahnblüten-Tee

0,1 l Sekt oder Prosecco, gekühlt

Extrakt in ein Glas geben und auffüllen.

ELIXIER FÜR SÜSSE, ENTSPANNENDE BLÜTENTRÄUME

Sie brauchen für 1/2 l:

je 2 Handvoll Rosenblütenblätter, Steinklee- und Holunderblüten, Zitronenmelisseblätter

1 Zimtstange

50-75 g Kandiszucker

0,5 l 40%iger Korn

Füllen Sie in ein Weithalsglas mit Twist-off-Deckel von etwa 700 ml Inhalt nacheinander die sauberen Blüten und Kräuter, die Zimtstange, je nach Geschmack 50 bis 75 g Kandiszucker und den Korn ein. Verschließen Sie es gut und stellen Sie es an einen hellen Platz. Wenn der angesetzte Likör täglich einmal sanft geschüttelt wird, kann nach ungefähr vier Wochen abgesiebt und in eine dekorative Flasche umgefüllt werden. Natürlich können Sie gleich eine Kostprobe nehmen – aber auch er wird umso besser, je älter er wird! Mindestens drei Monate „Reifezeit" sollten Sie dem Likör geben und ihn dann als Dessert genießen.

Nach diesem Grundrezept können viele verschiedene Liköre hergestellt werden – je nach Phantasie, Pflanzenmaterial und eigener Kreativität. Die frisch angesetzten Elixiere sind eine Freude fürs Auge und lassen sich gut verschenken – am besten mit Tipps zur weiteren Verarbeitung und Verwendung.

BEIFUSSESSIG

Sie brauchen für 1 Flasche:

2-3 Beifußzweige, vor der Blüte geerntet

5-6 rote Pfefferkörner

0,75 l Apfelessig

Die sauberen Beifußzweige in eine dekorative Flasche geben, die grob zerstoßenen Pfefferkörner

KRÄUTER-ELIXIERE

hinzufügen und mit dem Essig auffüllen. Nach vier Wochen ist er gebrauchsfertig. Wenn der Essig nicht gleich verwendet wird, sollte er von den Kräutern abgegossen und wieder in eine dekorative Flasche gefüllt werden. Zum Verschenken können Sie frischen Beifuß an die Flasche binden und ein hübsches Etikett dazu malen.

VIER-JAHRESZEITEN-ÖL

Sie brauchen für 1/2 l:
2 Handvoll Gundelrebe
5 Löwenzahnblätter
2-3 Schafgarbenstängel mit Blüten
2-3 Salbeiblätter
2 kleine Chilischoten
0,5 l Sonnenblumenöl, kalt gepresst

Kräuter waschen, gut trocknen, in eine Flasche geben, mit Sonnenblumenöl übergießen und 2-3 Wochen ziehen lassen. In eine schöne Flasche füllen und zum Beispiel den Gänseblümchen-Salat (→ nächste Doppelseite) damit würzen. Ein Geschenk, das Feinschmeckerinnen Freude bereiten wird: Verschenken Sie dieses Öl in Kombination mit einem Thymian/Steinpilz-Öl und einem Limetten/Chili-Öl (nicht für Schwangere)!

BOWLE FÜR DIE WALPURGISNACHT

Sie brauchen für 1,5 l:
2-3 Handvoll duftende, essbare Blüten wie: Weißdorn, Kirsche, Apfel, Gänseblümchen, Gundelrebe, Löwenzahn, Labkraut
1 l Apfelsaft
Saft 1 Zitrone
0,5 l Mineralwasser oder Sekt

Übergießen Sie die sauberen Kräuter mit dem Apfelsaft. Fügen Sie den Saft einer Zitrone hinzu und lassen Sie alles einige Stunden, am besten über Nacht ziehen. Zwei bis drei Stunden, bevor die Bowle getrunken werden soll, hängen Sie noch ein leicht angetrocknetes Büschel Waldmeister in das Gefäß. Kurz vor dem Genuss Waldmeister entfernen, mit Mineralwasser oder Sekt auffüllen.

FITNESSDRINK

Sie brauchen für 1 Glas:
20 g frische Kräuter wie: Spitzwegerich, Löwenzahn, Zitronenmelisse
1 kleine rote Paprikaschote
1/8 l Tomatensaft

Saubere Kräuter und geputzte, in Stücke geschnittene Paprikaschote mit dem Tomatensaft im Mixer pürieren. Je nach Geschmack Kefir hinzufügen.

KRÄUTERHONIG FÜR NASCHKATZEN

Sie brauchen für 1/2 l:
1 Sträußchen Thymian, Lavendel oder Rosmarin
500 ml Akazienhonig

Das Kräutersträußchen in ein Schraubglas geben und mit dem flüssigen Honig übergießen. Honig vier Wochen ziehen lassen. Ab und zu können Sie es vorsichtig schütteln. Bevor der Honig verwendet wird – zum Beispiel in einem Hustentee oder auch zu Süßspeisen –, muss der Kräuterstrauß entfernt oder abgefiltert werden.

ZUM AUFLEBEN

Leckere Kräuter-Rezepte schnell & leicht gemacht

Wollen Sie sich nach dem Essen einmal so richtig wohl fühlen? Gönnen Sie auch Ihrer Familie, Ihren Freunden dieses kraftspendende Vergnügen!

GUTE-LAUNE-WILDKRÄUTERBUTTER

Sie brauchen für 250 g:
4-6 EL Wildkräuter wie: Spitzwegerich,
Sauerampfer, Giersch, Löwenzahn, junge
Brennnesseln, Labkraut, Vogelmiere
150 g Butter
1 kleine Zwiebel, fein gehackt
1/2 Teelöffel Kräutersalz
einige Spritzer Zitronensaft

Hacken Sie die Kräuter fein und geben Sie sie zusammen mit den anderen Zutaten nach und nach in die schaumig gerührte Butter.

GRÜNE KRÄUTERCREME

Sie brauchen für etwa 400 g:
100 g Frühjahrskräuter
100 g Joghurt
100 g Crème fraîche
100 g geschlagene Sahne
einige Spritzer Zitronensaft
Salz nach Geschmack

Die Frühjahrskräuter waschen und klein schneiden. Joghurt und Crème fraîche verrühren, die Kräuter dazugeben, die geschlagene Sahne unterrühren, mit Zitronensaft und eventuell Salz abschmecken. Passt gut zu frischem Brot!

GÄNSEBLÜMCHEN-SALAT

Sie brauchen für etwa 4 Portionen:
1 Kopf Frisée-, Endivien- oder Eissalat
einige Sauerampfer- und Spitzwegerichblätter
4 EL Vier-Jahreszeiten-Öl (→ Seite 61)
2 EL Kräuteressig (z. B. Beifuß → Seite 60)
1 kleine Zwiebel, fein gehackt
1/2 TL Kräutersalz, Pfeffer aus der Mühle
je 1/2 TL Senf und Honig
1 Handvoll Gänseblümchen

Den Salat waschen und vorbereiten, die sauberen Kräuter fein hacken, alles in eine Schüssel geben. Für die Sauce Öl, Essig, Zwiebeln, Salz, Pfeffer, Senf und Honig verrühren, über den Salat geben, Gänseblümchen darüber streuen.

RUCK-ZUCK-WILDKRÄUTER-PFANNKUCHEN

Sie brauchen für 4 Portionen:
200 g Vollkornmehl
120 ml Mineralwasser
2 Zwiebeln
50-100 g Wildkräuter
4 Teelöffel Sesamsamen
Öl, Salz und Pfeffer

Das Mehl mit Salz und Mineralwasser 30 Minuten quellen lassen. Dann Zwiebel und Wildkräuter hacken und in den Teig rühren. In einer Pfanne Öl heiß werden lassen und die Masse hineingeben. Vor dem Wenden den Sesam drüber streuen.

LECKERE KRÄUTER-REZEPTE

Hausgemachte grüne Kräutercreme zählt zu den besonderen Köstlichkeiten des Wohlfühl-Gartens.

WOHLFÜHLSUPPE

Sie brauchen für 4 Portionen:
500 g Kartoffeln
100 g gemischte Wildkräuter wie: Knoblauchsrauke, Taubnessel, Brennnessel, Schafgarbe, Sauerampfer, Schlüsselblumen, Veilchenblätter, Spitzwegerich und Bärlauch
2 EL Butter
1 l Gemüsebrühe
100 g Sahne
Salz, Pfeffer
4 EL Crème fraîche
Garnitur: Taubnessel- und andere essbare Blüten

Kartoffeln schälen und würfeln, saubere Wildkräuter hacken und in der erhitzten Butter kurz andünsten. Mit der Brühe ablöschen, die Kartoffeln zugeben und alles 15 Minuten sanft kochen lassen. Mit dem Zauberstab pürieren. Sahne, Salz und Pfeffer zufügen. Suppe in Teller füllen, mit Crème fraîche und Blüten garnieren. Nicht für Schwangere.

ZUM AUFLEBEN

Tees für alle Fälle – vom Liebestrank bis zum Sinneszauber

Kräutertee klingt langweilig? Testen Sie Beifuß mit Zimt oder Wegwarte mit Kardamom! Fühlen Sie sich müde und abgeschlagen? Rosmarin bringt Sie auf Trab und ersetzt sogar den Kaffee! Blüten und Früchte bringen frischen Geschmack und Farbe, Heilkräuter helfen bei kleinen Wehwehchen. Die Zutaten sind übrigens auch in der Apotheke erhältlich. Achtung: Rezepte mit Muskatellersalbei, Salbei und Schlüsselblumen sind nichts für Schwangere.

FOREVER YOUNG

Ackerschachtelhalm, Rosmarin und Salbei, zu gleichen Teilen verwendet.

Die wahre Entdeckungsreise besteht nicht darin, neue Landschaften zu suchen, sondern neue Augen zu haben.

Douglas Monroe

GESUNDHEIT UND REINE FREUDE

Pfefferminzblätter, Fenchelsamen (leicht zerstoßen), Rosenblütenblätter, Holunder- und Königskerzenblüten zu gleichen Teilen mischen. Immer dann trinken, wenn Sie etwas mehr Freude vertragen können.

GROSSPUTZ FÜR DEN KÖRPER

Erdrauchkraut, Löwenzahnwurzel und Schafgarbe zu gleichen Teilen mischen.

VERTREIBT DEN HUSTEN

20 g Anisfrüchte, 40 g Lindenblüten, 15 g Thymian, 10 g Wegmalve gut miteinander vermischen.

WENN DER HALS KRATZT

Spitzwegerichkraut und Holunderblüten zu gleichen Teilen mischen, heiß trinken.

SCHUTZ FÜR DIE SCHLEIMHÄUTE

Königskerzen-, Ringelblumen-, Gänseblümchen- und Löwenzahnblüten zu gleichen Teilen mischen.

STÄRKUNG FÜRS IMMUNSYSTEM

Beifuß, Wasserdost und Klettenlabkraut zu gleichen Teilen mischen.

VERZAUBERNDER LIEBESTRANK

Die Blüten von Lavendel, Apfel, Rose, Veilchen und Schafgarbe zu gleichen Teilen mischen, mit heißem Wasser übergießen, an einem lauen Frühlingsabend genießen – und die Wirkung abwarten!

FÜR MÜDE MÄNNER

Salbei, Bohnenkraut und Pfefferminze zu gleichen Teilen mischen …

ENTSPANNUNG AM ABEND

20 g Baldrian, 10 g Hopfen, 20 g Melisse, 10 g Johanniskraut, 20 g Orangenblüten, etwas Zimt.

SCHLÄGT DAS WETTER AUFS GEMÜT?

Lavendel-, Weißdorn- und Schlüsselblumenblüten, Johanniskraut, Schafgarbe und Zitronenmelisse zu gleichen Teilen mischen.

TEES FÜR ALLE FÄLLE

FÜR DEN AUFSCHWUNG
Fenchel, Zitronenmelisse und Wegwarte zu gleichen Teilen mischen.

WONNIGLICHER FRÜHLINGSTEE
Schlüsselblumenblüten und Veilchenblüten mischen, mit trinkwarmem Wasser übergießen und kurz ziehen lassen. Wenn Sie wollen, können Sie die Blüten mittrinken.

TEEFREUDE AN KALTEN TAGEN
Hagebutten, Fenchelfrüchte, Pfefferminze, Brombeerblätter, Wegmalve, Königskerzenblüten und Zitronenmelisse zu gleichen Teilen mischen.

AUF DAS EIGENE HERZ HÖREN
Weißdorn- und Lindenblüten sowie Melissenblätter zu gleichen Teilen mischen.

BLÜTENTRÄUME ZUM ENTSPANNEN
Melissenblätter, Johanniskraut, Hopfen, Lavendel- und Orangenblüten zu gleichen Teilen mischen.

ABSCHALTEN FÜR WORKAHOLICS
Engelwurz, Herzgespannkraut, Holunder, Linde, Pfefferminze und Salbei zu gleichen Teilen mischen.

IMMER MIT DER RUHE ...
Weißdorn, Herzgespannkraut, Melissenblätter und Baldrianwurzel zu gleichen Teilen mischen. Beruhigt sanft und anhaltend.

TIPP

Trocknen ist zwar gut für den Wintervorrat, ein Tee aus frischen Kräutern wird Ihnen jedoch ein ganz anderes Geschmackserlebnis vermitteln. Verwenden Sie frische Kräuter so lange wie möglich! Damit Ihnen der Tee auch schmeckt, sollte er als ganz schwacher, wässriger Auszug, als „blonder" Tee, zubereitet werden. Geben Sie pro Becher oder Tasse nur so viele frische oder getrocknete Pflanzenteile, wie gerade zwischen drei Finger passen, in ein Teesieb oder Teenetz, übergießen Sie sie mit heißem Wasser – und lassen Sie den Tee ziehen, bis er Trinktemperatur erreicht hat. Sie werden sich über Wirkung und Geschmack eines solchen Tees freuen!

FÜR KONZENTRATION UND GEDÄCHTNIS
Baldrian, Pfefferminze, Rosmarin und Salbei zu gleichen Teilen verwenden.

VOR DER MEDITATION
Holunderblüten, Rosenblütenblätter, Kamille und Beifußblüten zu gleichen Teilen mischen.

FÜR ZAUBERHAFTE LICHTBLICKE
Baldrian, Johanniskraut, Rose, Schlüsselblume, Wegwarte, Blüten der Weißen Taubnessel und Zitronenmelisse zu gleichen Teilen mischen, nicht nur an trüben Tagen trinken.

ZUM AUFLEBEN

Kräuter-Apotheke für mehr Lebenskraft und Durchblick

In den Pflanzen finden Sie Hilfe für jedes Problem, das Sie in Ihrem Wohlbefinden beeinträchtigen könnte. Diese Rezepte aus der Phytokinesiologie fördern die positiven Qualitäten, die Sie gerne erreichen möchten. Seien Sie sich zuerst im Klaren über Ihr Ziel, bevor Sie eine oder mehrere Pflanzen als Begleitung auswählen! Dabei ist es egal, ob Sie einen Tee (Zutaten alternativ nach persönlicher Vorliebe verwenden) daraus zubereiten, die frischen Kräuter auf ein Butterbrot legen, andere Köstlichkeiten zaubern – oder ob Sie eine Meditation machen und die Pflanzen dabei irgendwo auf Ihren Körper legen. Wenn nicht alles in Ihrem Wohlfühl-Garten wächst, bekommen Sie die Zutaten auch in der Kräuterkammer der Apotheke.

**FÜR DURCHBLICKER –
WO LIEGT DAS PROBLEM?**

Ackerschachtelhalm, Brennnessel, Löwenzahn, Salbei, Wegwarte, Weißdorn oder Wermut.

**DAMIT SIE NICHTS
AUS DER RUHE BRINGT**

Beifuß, Löwenzahn, Schafgarbe, Heilziest, Schlüsselblume, Engelwurz oder Rosmarin.

**„LIEBER GOTT, GIB MIR GEDULD,
ABER BITTE SOFORT!"**

Ackerschachtelhalm, Beifuß, Kamille, Pfefferminze, Schafgarbe oder Wegwarte.

FÜR KLARE KOMMUNIKATION

Eibisch, Ringelblume, Salbei oder Schlüsselblume.

AUS LIEBE ZUM LEBEN

Bärlauch, Löwenzahn, Frauenmantel, Herzgespannkraut, Linde, Schlüsselblume, Spitzwegerich, Weißdorn oder wenig Wermut.

VITALER RÜCKEN-STÄRKER

Ackerschachtelhalm, Beifuß, Engelwurz, Frauenmantel, Heilziest oder Herzgespannkraut.

SICH UND ANDERE ANNEHMEN

Baldrian, Brennnessel, Goldrute, Labkraut, Ringelblume, Löwenzahn, Pfefferminze, Rosmarin oder Schafgarbe.

GRENZEN SETZEN UND AKZEPTIEREN

Ackerschachtelhalm, Bärlauch, Engelwurz, Frauenmantel oder Wolfstrappkraut.

FÜR GLASKLARE KLARHEIT

Beifuß, Löwenzahn oder Wolfstrappkraut.

SPRUDELNDE KREATIVITÄT

Baldrian, Beifuß, Frauenmantel, Herzgespannkraut, Salbei oder Wolfstrappkraut.

MUT EINER LÖWIN

Engelwurz, Frauenmantel oder Pfefferminze.

KRÄUTER-APOTHEKE

SCHUTZ VOLLER PFLANZENKRAFT
Eibisch, Heilziest, Holunder, Linde, Pfefferminze, Schafgarbe oder Spitzwegerich.

PFLANZENSTARKE SICHERHEIT
Wegwarte, Frauenmantel, Johanniskraut oder Ringelblume.

KRÄUTERFRISCHE TATKRAFT
Brennnessel, Eibisch, Heilziest, Wermut, Spitzwegerich oder Zitronenmelisse.

TROST MIT KRÄUTER-ENERGIE
Ringelblume, Rose, Schlüsselblume, Wolfstrappkraut oder Zitronenmelisse.

Frische oder getrocknete Kräuter helfen als Tee ebenso wie bei energiespendenden Übungen.

ZUM AUFLEBEN

Körper und Geist verwöhnen – Schönheit gewinnen

Wellness fängt beim Kopf an: Schönes, glänzendes Haar fördert nicht nur das Wohlbefinden, es lässt Sie auch aktiv und gesund aussehen. Ein selbst hergestelltes Haarwasser etwa fördert die Durchblutung der Kopfhaut und bringt Fülle und Kraft in die Haare. Außerdem beschleunigt es den Gedankenfluss. Die Zutaten können Sie im Wohlfühl-Garten beziehungsweise auf einem Spaziergang sammeln oder Sie besorgen sie in der Kräuterkammer der Apotheke.

BRENNNESSEL-HAARWASSER

Sie brauchen für etwa 1/2 l:
100 ml Kräuteressig
400 ml Wasser
4 Handvoll frische, klein geschnittene Brennnessel (oder 2 Handvoll getrocknete Brennnessel)
1-2 EL geschnittene Klettenwurzeln

Vermischen Sie in einem Topf Kräuteressig und Wasser und geben Sie Brennesseln und Klettenwurzeln hinzu. Kochen Sie sie 15 Minuten bei kleiner Flamme. Nach dem Abkühlen sieben Sie ab, geben das Haarwasser in eine gut verschließbare Flasche und fügen noch ein paar Tropfen Duftöl hinzu, um Ihren Lieblingsduft auch in den wehenden Haaren zu haben. Rosmarin oder Salbei zum Beispiel tun den Haaren gut. Massieren Sie die Kopfhaut sanft jeden zweiten Tag mit diesem Haarwasser ein und bewahren Sie es bis zu seinem endgültigen Verbrauch im Kühlschrank auf, aber nicht länger als drei Wochen. Mit der Brennnessel wecken Sie gleichzeitig schlafende Energien und stärken Ihre Geistesgegenwart und Schlagfertigkeit! Klettenwurzel sorgt ganz nebenbei noch für gute Bodenhaftung.

BRENNNESSEL-HAARPACKUNG

Sie brauchen für 3/4 l:
1 etwa 20 cm hohe Brennnesselpflanze mit der Wurzel
0,75 l gutes Pflanzenöl

Reinigen Sie die Wurzel der Pflanze, indem Sie sie waschen und wieder abtrocknen. Legen Sie die komplette Brennnesselpflanze mitsamt der Wurzel in eine Flasche mit gutem Pflanzenöl ein und lassen es gut verschlossen für einen Mondzyklus, zum Beispiel von Vollmond bis Vollmond, am Fenster oder auf der Terrasse ziehen. Danach sieben Sie ab und massieren das Öl bei Ihrer wöchentlichen Pflegestunde in die Kopfhaut.

PERFEKTE PFLEGE FÜRS GESICHT

Sie brauchen für 1 Kompresse:
1 Tasse Thymian-, Salbei- oder Lindenblütentee oder den „Satz" von Löwenzahntee

Für eine schonende und gründliche abendliche Hautreinigung gibt es nichts Besseres als Kompressen aus Thymian- oder Salbeitee. Gießen Sie beim

FÜR KÖRPER, GEIST UND SCHÖNHEIT

Abendessen einfach mehr von Ihrem Kräutertee auf und benutzen Sie ihn abgekühlt zur Gesichtsreinigung! Gegen Ringe unter den Augen hilft eine Kompresse aus Lindenblütentee. Wenn Sie etwas mehr Zeit haben, probieren Sie doch auch einmal, die abgeseihten Pflanzendrogen – den „Satz" des Kräutertees – aufs Gesicht zu legen. Lassen Sie sich überraschen, wie zart und „faltenfrei" die Haut hinterher ist! Besonders die Löwenzahnblüten sind ein richtiger Hautschmeichler!

EAU DE MILLE FLEURS

Sie brauchen für 200 ml:
4-5 Handvoll frische Blüten von Weißdorn,
Kornblumen, Kamille, Lavendel und Malven
200 ml 30 %iger Alkohol

Geben Sie die Blütenmischung in ein Schraubdeckelglas und gießen so viel 30 %igen Alkohol darüber, bis die Blätter gut bedeckt sind. Das verschlossene Glas bleibt ungefähr 3 Wochen bei Zimmertemperatur stehen, wird täglich aufgeschüttelt und danach abfiltriert (befeuchteter Kaffeefilter). Das duftende Blumenwasser ist gut haltbar, kann als erfrischendes Gesichtswasser oder für wohltuende, hautstraffende Abreibungen nach einem Bad verwendet werden.

SONNENKRÄUTERSALBE

Sie brauchen für etwa 100 g Salbe:
10 g getrockneter Ackerschachtelhalm
50 g Eucerin anhydricum (aus der Apotheke)
10 ml Blütenöl Ihrer Wahl (z.B. Johanniskraut)

einige Tropfen Duftöl Ihrer Wahl
(z. B. Rose, Jasmin oder Veilchen)

Kochen Sie 10 g getrockneten Ackerschachtelhalm in 100 ml Wasser ungefähr 15 Minuten lang zu einem Tee. Gleichzeitig lassen Sie in einer Schüssel im Wasserbad das Eucerin unter Rühren mit einem kleinen Schneebesen schmelzen. Fügen Sie 40 ml des noch heißen, abgeseihten Tees und das Blütenöl hinzu. Nehmen Sie die Schüssel aus dem Wasserbad und rühren Sie so lange mit dem Schneebesen, bis die Salbe erkaltet ist. Rühren Sie dann noch das Duftöl unter. Die Salbe mit einem Teigschaber in schöne Gefäße streichen und kühl lagern. Bei trockener, problematischer Haut ist sie eine wunderbare Nachtcreme. Sie können nach diesem Rezept mit 10 g getrockneten Lavendelblüten und Rosenöl auch eine Lavendelhautpflege herstellen. Die Haltbarkeit beträgt immer etwa zwei Monate.

Kräuterkräfte für die Schönheit	
Haare	Brennnessel, Rosmarin, Salbei, Thymian
Haut	Frauenmantel, Löwenzahn, Ringelblume, Ackerschachtelhalm, Schafgarbe, Thymian, Gänseblümchen, Rose, Malve
Innerlich	Löwenzahn, Wegwarte, Schafgarbe

Kräuterrezepte
ZUM AUFLEBEN

Alles fürs Bad und Schlafzimmer

Wie wäre es am Wochenende mit einer Auszeit in der Badewanne? Sie haben dann Zeit und Muße genug, sich Ihren Badezusatz selbst herzustellen. Dazu kochen Sie 50-100 g getrocknete Pflanzenteile Ihrer Wahl etwa 1/2 Stunde in ein Liter Wasser auf kleiner Flamme. Lassen Sie dann das Badewasser in die Wanne. Der fertige Auszug wird durch ein Mulltuch oder eine dünne „Badesocke" gefiltert und ins Badewasser gekippt. Wenn Sie das „Socken-Säckchen" gut zubinden, können Sie es auch in der Badewanne schwimmen lassen und zum Abschluss den ganzen Körper damit abrubbeln. Eine Wohltat auch für die Haut, sie wird danach streichelzart! Zum Munterwerden am Morgen baden Sie in Rosmarin, für Entspannung am Abend sorgen Thymian und Löwenzahn, Lavendel beruhigt und pflegt Körper und Seele, Basilikum und Zimt bereiten Sie auf ein Liebesabenteuer vor, Rosenblütenblätter sorgen für Luxus und Wohlgefühl.

PROVENCALISCHES MORGENBAD
Vermischen Sie für 2-3 belebende Bäder 1 Tasse Lavendelblüten, je 1/4 Tasse Thymian, Rosmarin, Salbei und Rosen, für Schwangere ohne Rosmarin.

FUSSBAD ZUM ABSCHALTEN
Mit einem Fußbad können Sie gut Ihr abendliches Verwöhnprogramm beginnen: Es entspannt den ganzen Körper und schwemmt die Strapazen eines Arbeitstages einfach weg! Füllen Sie etwa drei Liter heißes Wasser so hoch in eine Wanne oder Schüssel, dass Ihre Knöchel damit bedeckt werden. Drücken Sie getrocknetes Beifuß- und/oder Brennnesselkraut einfach in ein Stoffsäckchen und legen Sie es ins Wasser. Stellen Sie Ihre Füße hinein, sobald die Temperatur angenehm ist und genießen Sie die Wirkung etwa zehn Minuten lang. Mit dem Kräutersäckchen rubbeln Sie zum Abschluss noch die Füße ab. Danach sind Sie wunderbar entspannt und locker. Damit Ihr Kreislauf aktiviert wird, halten Sie die Füße anschließend kurz unter die kalte

Lavendel ist eine duftende und pflegende Zutat für Bäder und Hautcremes.

FÜR BAD UND SCHLAFZIMMER

Dusche! Schlagen Sie ein Handtuch um die nassen Füße und legen Sie sie noch eine Weile hoch. Perfekt ist danach eine Massage mit duftendem Öl.

MASSAGEÖLE HERSTELLEN

Stellen Sie dieses Massageöl doch selbst her! Dazu brauchen Sie ein wertvolles Pflanzenöl wie Mandel-, Oliven-, Sonnenblumen- oder Jojobaöl. 50 ml von diesem fetten Öl sind ausreichend für 3-4 Massagen. Es bleibt für 3-4 Monate haltbar. In ein Fläschchen mit 50 ml Pflanzenöl tropfen Sie ganz nach Bedarf insgesamt 10-20 Tropfen ätherisches Öl hinein und schütteln es sanft. In der Wärme Ihrer Hand werden sich beide Öle gut vermischen. Wählen Sie immer das ätherische Öl aus, das an diesem Wochentag Ihr persönliches Wohlgefühl erhöht (→ Seite 12ff. und 75). Der Duft allein sorgt schon für die Schönheit von innen! Zum Entspannen und Abschalten wählen Sie Bergamotte, Lavendel und/oder Kamille, erfrischend und belebend wirkt ein Zitrusöl. Die Mischung mit ätherischem Rosenöl besänftigt den ganzen Körper auch nach emotionalem Stress. Massieren Sie Ihren Körper mit sanften, geschmeidigen Bewegungen.

POTPOURRIES UND DUFTKISSEN

Als Potpourri wird eine Mischung duftender Blütenblätter, Kräuter, Gewürze, Harze und ätherischer Öle bezeichnet. Fangen Sie doch mal den Duft des Sommers in einem selbst gemachten Potpourri ein! Oder trocknen Sie die Blüten eines kostbaren Blumenstraußes, an den Sie sich gerne länger erinnern wollen! Sammeln Sie alle duftenden Blüten und Kräuter, die (nicht nur) Ihrer Nase gut tun, und trocknen Sie sie sorgfältig auf einem Gitter oder ausgebreiteten Tüchern. Wenn Sie mit Rosen- und Lavendelblüten anfangen, werden Sie gleich einen guten Erfolg erzielen, da diese lange ihren Duft behalten. Wichtig ist es, ein Fixiermittel wie Iriswurzelpulver (Apotheke) zu verwenden, denn es bindet die flüchtigen ätherischen Öle. Sie brauchen etwa ein Esslöffel voll pro Duftmischung. Wenn Ihnen der Duft nicht intensiv genug ist, geben Sie wenige Tropfen eines ätherischen Öls hinzu. Diese Mischung geben Sie für 4-6 Wochen in ein verschließbares Gefäß und schütteln es täglich einmal, damit sich die Bestandteile gut vermischen und gründlich mit dem Duft imprägniert werden. Geben Sie so ein Potpourri einfach in ein Säckchen aus schönem Baumwollstoff. Es verströmt seinen Wohlgeruch etwa im Wäscheschrank oder unter dem Kopfkissen.

● Duftende Zutaten: Bartnelken, Holunder, Flieder, Hyazinthen, Jasmin, Lindenblüten, Mädesüß, Maiglöckchen, Muskatellersalbei (nicht für Schwangere), Narzissen, Nelken, Stockrosen, Veilchen, Wicken.

● Farbige Zutaten: Boretsch, Hibiskus, Gänseblümchen, Klatschmohn, Kornblume, Malve, Pfingstrosen, Ringelblumen, Rittersporn, Salbei.

● Für Schlafkissen: Baldrianblüten, Beifuß, Hopfenblüten, Lavendel, Melisse, Steinklee.

● Für Sommerkissen: Dost, Quendel, Hopfen, Lavendel, Holunderblüten.

ZUM AUFLEBEN

Wellness-Übungen auf Basis der Phytokinesiologie

In der Phytokinesiologie wird das altbekannte Pflanzenwissen mit der aktuellen Methode der Kinesiologie verknüpft, die ganz natürliche Wege zur Aktivierung und Harmonisierung der eigenen Energie aufzeigt. Auf leichte Art wird so das riesige Gebiet der Pflanzenheilkunde übersichtlich gemacht und auf die heutigen Bedürfnisse zugeschnitten. Jede der aufgeführten Übungen sorgt für ein bisschen Urlaub im Alltag. Sich jeden Tag mindestens eine halbe Stunde Zeit für sich ganz alleine zu nehmen, ist sehr wichtig für das Gefühl, die Fäden seines Lebens in der Hand zu behalten. Das lässt sich übrigens – wie andere wichtige Termine – in den Terminkalender eintragen und wird mit dem Vermerk „unaufschiebbar" versehen! Für diese halbe Stunde wählen Sie eine „Pflanze des Tages" aus. Im Sommer werden Sie eine Blüte von Ihrem Balkongärtchen pflücken, im Winter entscheiden Sie sich für eine getrocknete Pflanze aus dem letzten Sommervorrat und bereiten sich einen Tee. Solche „Verwöhnstunden-Pflanzen" können sein (weitere finden Sie auf Seite 66/67):

● Johanniskraut – liefert Sonnenstrahlen für die Seele

● Baldrianblüten – harmonisieren Ihr Denken und Fühlen

● Ringelblume – tröstet in allen Lebenslagen

● Veilchen – stärkt das Selbstbewusstsein

● Lavendel – führt zu einem natürlichen Lebensrhythmus.

Atmen Sie bewusst den Duft der Blüten ein und öffnen Sie sich für die Kraft und die Botschaft der Pflanze. Dann beginnen Sie mit einer ganz einfachen kinesiologischen Übung.

STRESSABBAU FÜRS WOHLBEFINDEN

Befestigen Sie die Pflanze irgendwo in der Nähe Ihres Brustbeines, vielleicht stecken Sie sie ins Knopfloch oder heften sie mit einer Anstecknadel an. Dann nehmen Sie ihren Kopf in beide Hände, die eine Hand legen Sie dabei auf Ihre Stirn und die andere auf den Hinterkopf. Unter Ihren Händen befinden sich jetzt Akupunkturpunkte, die den Stress lösen helfen. Schließen Sie die Augen und lassen Sie die Ereignisse des Tages noch einmal vor Ihrem inneren Auge Revue passieren. Wenn Sie sich überfordert gefühlt haben oder Sie irgendetwas besonders berührt, aufgeregt oder wütend gemacht hat, können Sie diese Szenen wie in einem Video wieder zurückspulen und solange anschauen, bis Ihnen leichter wird und Sie wie von alleine tief durchatmen. Das kann ganz schnell gehen, kann aber auch zehn Minuten in Anspruch nehmen. (Wenn die Arme müde werden, können Sie gerne die Hände wechseln.) Mit dieser Übung können Sie sich genauso gut auf kommende Ereignisse einstellen, die Ihnen Sorgen bereiten, wie ein Vorstellungsgespräch. Auch Ängste lassen sich damit abbauen, Nervosität beruhigen. Neue Perspektiven ergeben sich dabei wie von alleine. Malen Sie vor

Special

Ihrem inneren Auge ein Bild von der zukünftigen Situation und sehen sich optimal handeln.

SICH SELBST IN DIE MITTE BRINGEN

Wenn Sie das Gefühl haben, im Nebel zu stehen oder absolut nicht in Ihrer Mitte zu ruhen, ist folgende Übung außerordentlich hilfreich: Nehmen Sie die Pflanze Ihrer Wahl in die linke Hand und legen Sie Hand und Blume auf Ihren Bauchnabel. Mit Daumen und Mittelfinger der rechten Hand rubbeln Sie etwa 20 Sekunden lang die zwei Grübchen unterhalb der Schlüsselbeine, genau in dem Winkel neben dem Brustbein. Diese Punkte sind meistens etwas druckempfindlich. Dann wechseln Sie die Hände und rubbeln für weitere 20 Sekunden die gleichen Punkte. Es geht noch weiter: Die rechte Hand bleibt auf dem Bauchnabel liegen, die linke wandert in Richtung Mund und legt den Mittelfinger in die Furche zwischen Unterlippe und Kinn, den Zeigefinger zwischen Oberlippe und Nase. Hier wieder 20 Sekunden rubbeln und dann die Hände wechseln. Die Blume bleibt immer auf dem Bauchnabel liegen. Jetzt wandert die rechte Hand vom Mund zum Steißbein und beginnt dort mit der reibenden Bewegung – wieder liegt die linke mit der Blume auf dem Bauchnabel. Nach weiteren 20 Sekunden noch einmal Hände wechseln und erneut rubbeln. Jetzt arbeiten Ihr Körper und Gehirn rechts und links, oben und unten, vorne und hinten wieder optimal zusammen und Sie ruhen in Ihrer Mitte. Sieht aus dieser Perspektive der vergangene Tag nicht schon ganz anders aus?

Auch Tees, Salben und Schönheitsmittel aus den Kräutern des Tages fördern das Wohlbefinden.

ZUM AUFLEBEN

Wohltat für Augen, Nase und Seele: Farb- und Aromatherapie

Sind Sie nicht auch manchmal genervt von den Unmengen knalliger Offerten, die ein ganzes Heer von Werbefachleuten über sämtliche Medienkanonen auf uns abschießt? Schalten wir doch besser ab und machen es ein bisschen leiser! Ein Spaziergang – barfuß über die Wiese – ist eine natürliche Fußreflexzonenmassage. Ein Nasen-Spaziergang durch den Aprilwind eine natürliche Aromatherapie und ein Augen-Spaziergang durch die blühenden Töpfe auf Balkon oder Terrasse ist eine natürliche Farbtherapie. Das Übermaß an Eindrücken macht die menschlichen Sinnesorgane immer unempfindlicher, die leisen Töne und Gerüche, die sanften Farben, das „Futter" für die Seele, gehen im Alltagsgewühl unter. Um überhaupt noch etwas wahrzunehmen, suchen viele Menschen nach immer stärkeren Stimulantien. Kein Wunder, dass niemand mehr die kleinen grünen Pflanzen bemerkt, die im schlichten Pflastergrau wachsen – dabei sind sie wahre Überlebenskünstler! Und sie könnten so manchen Gedanken über die Lebenskraft der Natur anregen: Der Blick auf das wachsende, lebendige oder blühende Grün nährt Sinne und Wohlbefinden. Auch das ist Wellness – alle Antennen in Richtung Schönheit und Ruhe auszufahren.

BLUMENUHR IN ALLEN FARBEN

Die Farbenpracht der Blüten und der Duft, mit dem die Pflanzen sich an ihre Umgebung verschenken, sind pure eingefangene Sonnenenergie. Wagen Sie doch mal ein Experiment und verzichten am Wochenende auf Ihre Armbanduhr – versuchen Sie die Zeit im Rhythmus der Blütenpflanzen zu leben! Natürlich geht das nicht so einfach, aber es gibt die Möglichkeit, eine Blumenuhr in Garten oder Kübel zu pflanzen oder zu säen (Bezugsquelle → Seite 78). Dann haben Sie diesen kosmischen Zeitmesser direkt vor Ihrer Tür! Diese Blumen öffnen und schließen ihre Blüten fast immer zur gleichen Stunde. Allen voran beginnt morgens gegen 6 Uhr der Löwenzahn seine gelben Blüten zu entfalten. Frühaufsteher können das auch auf den Wiesen beobachten. Eine Stunde später begrüßt im Frühsommer der rote Klatschmohn die Sonne. Das gelbe Habichtskraut folgt um 8, die Ackerringelblume gegen 9 Uhr. Der schöne gelbe Pippau gehört schon zu den Langschläfern, ab 10 Uhr ist es für ihn hell genug. Das Sommeradonisröschen riskiert erst ab 11 Uhr, die orangeroten Blütenblätter zu öffnen. Dann folgt für die Pflanzen das Stelldichein mit der Sonne. Schon am frühen Nachmittag beginnt die Wegwarte, ihre blauen Sonnenwirbel wieder zu schließen. Nur wenige Stunden hat ihr Leben gedauert, jede Blüte erblüht nur für einen Tag. Die Ackerringelblume beendet ihr Sonnenbad gegen 14 Uhr, gefolgt vom Schlafmohn. Bei schönem Wetter schließt auch der Ackergauchheil seine zarten roten Blüten ab 15 Uhr, bei bedecktem oder gar regnerischem Himmel macht er sie erst gar nicht auf! Er ersetzt also gleichzeitig noch den

FARB- UND AROMATHERAPIE

Wirkung wichtiger ätherischer Öle	
Basilikum	weckt alle Sinne, aphrodisierend
Bergamotte	hellt Stimmung auf, muntert auf
Engelwurz	baut auf, ermuntert, inspiriert
Lavendel	beruhigt, gleicht aus, erfrischt
Melisse	macht ein fröhliches Herz
Rose	harmonisiert, öffnet das Herz
Zimt	stärkt, regt an, aphrodisierend

Düfte für die sieben Wochentage	
Montag	Jasmin, Narzisse, Ylang-Ylang
Dienstag	Geranium, Ingwer, Pinie
Mittwoch	Lavendel, Sandelholz, Zimt
Donnerstag	Flieder, Magnolie, Salbei
Freitag	Bergamotte, Rose, Veilchen
Samstag	Quitte, Fichte, Myrrhe
Sonntag	Engelwurz, Lorbeer, Rosmarin

Wetterbericht! Eine Stunde später verabschieden sich die orangeroten Blüten des Sommeradonisröschen von diesem Tag und beginnen, das eingefangene Sonnenlicht zu verarbeiten. Natürlich variieren die Zeiten je nach Jahreszeit und geographischer Lage. Diese Pflanzenuhr ist nicht nur eine Erholung, sondern auch eine wahre Augen- und Sinnesweide!

DUFTENDE OASEN AM ABEND

Wenn Sie neugierig auf die pflanzlichen Rhythmen geworden sind, können Sie sich auch eine Art Duftuhr zusammenstellen. Viele Pflanzen duften natürlich den ganzen Tag, andere Arten jedoch verbreiten ihren Duft besonders in den Abendstunden – also gerade richtig für einen entspannenden Feierabend! Wenn Sie auf Ihrem Heimweg im Mai oder Juni an einem blühenden Lindenbaum vorbeikommen, halten Sie an – und inne – und setzen sich auf die Bank, die oft noch darunter steht, legen sich einfach ins Gras oder lehnen sich an den wei-

chen Stamm! Lassen Sie sich von diesem Duft einhüllen und entführen. Das beruhigt, gleicht aus, „lindert" und bringt Entspannung nach einem hektischen Tag. Bei Sonnenuntergang ist der Duft am intensivsten – und wenn Sie zur Blütezeit nicht allein unter der Linde sitzen, werden Sie verstehen, warum sie in alten Zeiten als Baum der Liebe galt!

DUFTENDE LIEBESLAUBEN

Die „Liebeslaube", von der schon unsere Vorfahren schwärmten, war meist umrankt vom Geißblatt, das nach Sonnenuntergang seinen intensiven Duft verströmt. Ab August, können Sie zur Stunde der Dämmerung die Zweijährige Nachtkerze beobachten. Ihre gelben Blütenblätter springen dann so schnell auf, dass Sie schon ganz genau hingucken müssen, um diesen Moment nicht zu verpassen! Alle Sinne werden betört von dem vanilleartigen Duft, der sich danach ausbreitet! In diesem Moment werden Sie spüren: Es ist der Geruchssinn, der uns Menschen wieder mit der Natur verbindet!

REGISTER

Ackerschachtelhalm 17, 66, 69

Bachblüten 58
Bärlauch 24, 63, 66
Baldrian 14, 42, 64ff., 72
Balkon .... 38f.
Basilikum 14f., 40, 43, 70, 75
Beifuß .. 31, 37-39, 43, 46, 60, 64ff.
Bohnenkraut 14, 39, 41, 43, 64
Boretsch 15, 43, 57, 71
Brennnessel . 13, 42, 48f., 62, 66-69

Dill 14, 43
Duftpelargonie 37, 43, 75
Duftwicke 43, 71

Estragon 56

Frauenmantel .. 16, 42, 52, 66f., 69

Gänseblümchen . 10, 18, 22, 36-39, 42, 47, 61, 64, 69, 71
Gartengestaltung .... 36f.
Giersch 17, 42, 62
Gundelrebe 24, 36-38, 42, 44f., 61
Gundermann s. Gundelrebe

Jasmin 37, 71, 75
Johanniskraut . 25, 42, 64ff., 69, 72
Jupiter-Kräuter .... 14f.

Kamille 18, 65f., 69
Kapuzinerkresse 40, 43
Kerbel 15, 43
Kerzenzeremonie .... 30f.
Knoblauchsrauke 14, 42, 63
Königskerze .... 15, 26, 42, 50, 64f.
Kresse 23, 43

Labkraut .. 12, 25, 27, 42, 61f., 66
Lavendel . 14, 43, 61, 64f., 69-72, 75
Löwenzahn ... 11, 15, 23, 36-38, 42, 52f., 60ff., 64, 66, 68ff., 74

Majoran 43
Malve 37, 64, 69, 71
Mars-Kräuter 13
Meditation 20f., 53
Merkur-Kräuter 14
Mond 12, 35
Mond-Kräuter .... 12f.
Muskatellersalbei 13, 43, 71

Nachtkerze 25, 43, 75

Odermenning 25, 42

Petersilie 14, 41, 43
Pfefferminze 16, 39ff., 43, 56f., 64-67
Portulak 12, 43

Ringelblume . . . 18f., 25, 27, 57, 64, 66f., 69, 71f., 74

Rose 37, 43, 58f., 60, 64f., 69ff., 75
Rosmarin 41, 43, 51, 61, 65f., 69ff., 75

Salbei 15, 28f., 31, 37-39, 41, 43, 49, 61, 64ff., 68-71, 75
Saturn-Kräuter 17
Sauerampfer .... 62f.
Schafgarbe 16, 27, 37-39, 42, 46f., 61, 63f., 66f., 69
Schlüsselblume 23, 39, 43, 60, 63-67
Schnittlauch 13, 43
Schöllkraut 25, 42
Sonnen-Kräuter 18
Sonnenblume 18, 26, 37-39, 42, 50
Stechpalme 28, 37-39

Taubnessel 10, 63, 65
Terrasse 37
Thymian .... 16, 41, 43, 61, 64, 68f.

Veilchen .. 23, 39, 43, 63ff., 71f., 75
Venus-Kräuter 16
Vogelmiere 12, 42, 62

Waldmeister 24, 42, 60
Wegerich .... 23, 61-64, 66f.
Wegwarte 17, 42, 44f., 64-67, 69, 74

Zeremonien 22-31
Zitronenmelisse 18, 39ff., 43, 56, 60f., 64f., 67, 71, 75

GU GARTENTRÄUME
Trendige Themen rund um den Garten

ISBN 3-7742-1393-3
80 Seiten

ISBN 3-7742-1680-0
80 Seiten

ISBN 3-7742-5384-6
80 Seiten

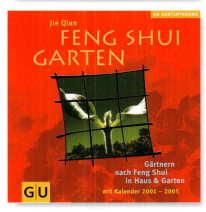

ISBN 3-7742-5331-5
80 Seiten

Die neue Reihe zu aktuellen Themen, frisch und ansprechend gestaltet, zum Verschenken oder selbst behalten.

WEITERE TITEL ZUM THEMA KRÄUTER BEI GU:
- ➤ Kräuter im Garten
- ➤ Küchenkräuter für Balkon und Terrasse
- ➤ Kräutergarten – Kräuterküche
- ➤ Basic gardening

Gutgemacht. Gutgelaunt.

IMPRESSUM

Das Original mit Garantie

Ihre Meinung ist uns wichtig. Deshalb möchten wir Ihre Kritik, gerne aber auch Ihr Lob erfahren. Um als führender Ratgeberverlag für Sie noch besser zu werden. Darum: Schreiben Sie uns! Wir freuen uns auf Ihre Post und wünschen Ihnen viel Spaß mit Ihrem GU-Ratgeber.

Unsere Garantie:
Sollte ein GU-Ratgeber einmal einen Fehler enthalten, schicken Sie uns das Buch mit einem kleinen Hinweis und der Quittung innerhalb von sechs Monaten nach dem Kauf zurück. Wir tauschen Ihnen den GU-Ratgeber gegen einen anderen zum gleichen oder ähnlichen Thema um.

Ihr Gräfe und Unzer Verlag
Redaktion Garten
Stichwort: Gartenträume
Postfach 86 03 66
81630 München
Fax 089/ 41981-113
e-mail: leserservice@graefe-und-unzer.de

WEITERFÜHRENDE LITERATUR

Breschke, M.: *Mondgarten*. Gräfe und Unzer, München
Pahlow, M.: *Kräuter und Wildfrüchte*. Gräfe und Unzer, München
Podlech, D.: *Heilpflanzen*. Gräfe und Unzer, München
Recht, Ch.: *Küchenkräuter*. Gräfe und Unzer, München.
Storl, W. D.: *Kräuterkunde*. Aurum, Braunschweig
Stumpf, U.: *Von Magie bis Phytotherapie. Lehrbuch für Heilpraktiker und andere Pflanzenfans*. MedMedia, Kandern

DIE AUTORIN
Frau Dr. rer. nat. Ursula Stumpf ist Apothekerin, Heilpraktikerin und Phytokinesiologin mit eigener Praxis und der „etwas anderen Kräuterschule". Sie hält Seminare ab zu den Themen, die in diesem Buch vorgestellt werden.

DIE ZEICHNERIN
Die Illustrationen stammen von Heidemarie Vignati. Sie studierte an der Akademie der bildenden Künste in Karlsruhe. Heute arbeitet sie in München als Illustratorin, Grafikdesignerin und Art-Direktorin.

DIE FOTOGRAFEN
Flora Press: Umschlagrückseite li.; GU/Roch: Seite 67, Umschlagrückseite re.; Jahreiß: Seite 4, 15, 51, 59, 70; Mein schöner Garten/Krieg: Seite 5 re.o.; Nickig: Seite 25, 29, 32; Reinhard: Seite 16, 19, 45, 48 mi, Umschlagrückseite mi, Hinterlegung; Schneider/Will: Seite 11, 22, 26, 47, 48 u., 53, 54; Silvestris/Ruckszio: Seite 8; StockFood/Brauner: Seite 63; Görlach: Umschlagvorderseite; Hunter: Seite 5 li.u.; Strauß: Seite 2/3, 6.

BEZUGSQUELLEN
Wildkräuter, Samen:
Hof Berg-Garten
Großherrischwand
Lindenweg 17
D-79737 Herrischried

CD mit Pflanzenmeditationen:
Margita Händel-Rüdinger
Scheffelstr. 17
D-76275 Ettlingen

CD „Healing Circle" mit Musik zu den Jahreskreisfesten:
Thomas Eberle
Bannholzstr. 19
D-69253 Heiligkreuzsteinach

© 2001 Gräfe und Unzer Verlag GmbH, München
Alle Rechte vorbehalten. Nachdruck, auch auszugsweise, sowie Verbreitung durch Film, Funk, Fernsehen und Internet, durch fotomechanische Wiedergabe, Tonträger und Datenverarbeitungssysteme jeder Art nur mit schriftlicher Genehmigung des Verlags.

Redaktion: Sabine Schulz, Angelika Holdau, Jolanda Englbrecht
Umschlaggestaltung: independent Medien-Design, München
Layout: Stefan Heß, Ehrenstetten
Herstellung: Ute Hausleiter
Satz: Bernd Walser Buchproduktion, München
Reproduktion: Repro Ludwig, Zell am See
Druck und Bindung: Auer, Donauwörth
Printed in Germany

ISBN 3-7742-5386-2

Auflage	4.	3.	2.	1.
Jahr	2004	2003	2002	2001

WICHTIGER HINWEIS
Einige der in diesem Buch aufgeführten Pflanzen können Allergien auslösen, eignen sich nicht für Schwangere oder sind in hohen Dosen giftig. Seien Sie entsprechend vorsichtig mit der Verwendung dieser Arten. Sammeln Sie auch keine Wildpflanzen an Stellen, die mit Schadstoffen belastet sind.